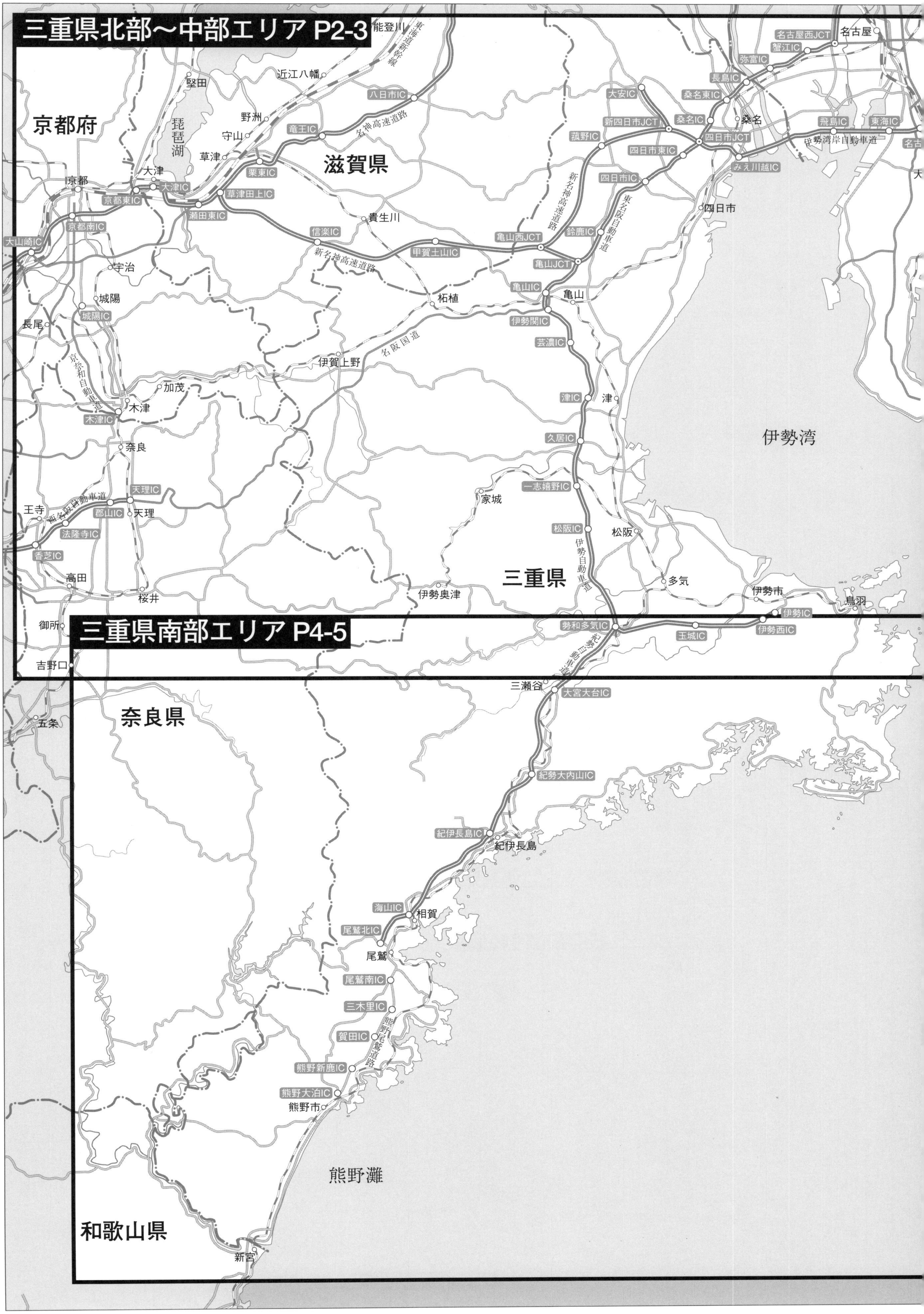
三重県北部～中部エリア P2-3
三重県南部エリア P4-5
京都府
滋賀県
三重県
奈良県
和歌山県
伊勢湾
熊野灘
琵琶湖
能登川
東海道新幹線
近江八幡
堅田
八日市IC
名神高速道路
野洲
守山
竜王IC
草津
大津
大津IC
京都
京都東IC
栗東IC
草津田上IC
瀬田東IC
京都南IC
大山崎IC
貴生川
信楽IC
甲賀土山IC
新名神高速道路
宇治
城陽
城陽IC
長尾
柘植
伊賀上野
名阪国道
京奈和自動車道
加茂
木津
木津IC
奈良
天理IC
郡山IC
天理
西名阪自動車道
王寺
法隆寺IC
香芝IC
高田
桜井
御所
吉野口
五条
伊勢奥津
家城
名古屋西JCT
名古屋
蟹江IC
弥富IC
長島IC
桑名東IC
大安IC
桑名IC
桑名
新四日市JCT
菰野IC
四日市JCT
四日市東IC
みえ川越IC
飛島IC
東海IC
伊勢湾岸自動車道
四日市IC
新名神高速道路
東名阪自動車道
四日市
鈴鹿IC
亀山西JCT
亀山JCT
亀山IC
亀山
伊勢関IC
芸濃IC
津IC
津
久居IC
一志嬉野IC
松阪IC
松阪
伊勢自動車道
多気
伊勢市
鳥羽
伊勢IC
伊勢西IC
勢和多気IC
玉城IC
紀勢自動車道
三瀬谷
大宮大台IC
紀勢大内山IC
紀伊長島IC
紀伊長島
海山IC
相賀
尾鷲北IC
尾鷲
尾鷲南IC
三木里IC
賀田IC
熊野尾鷲道路
熊野新鹿IC
熊野大泊IC
熊野市
新宮

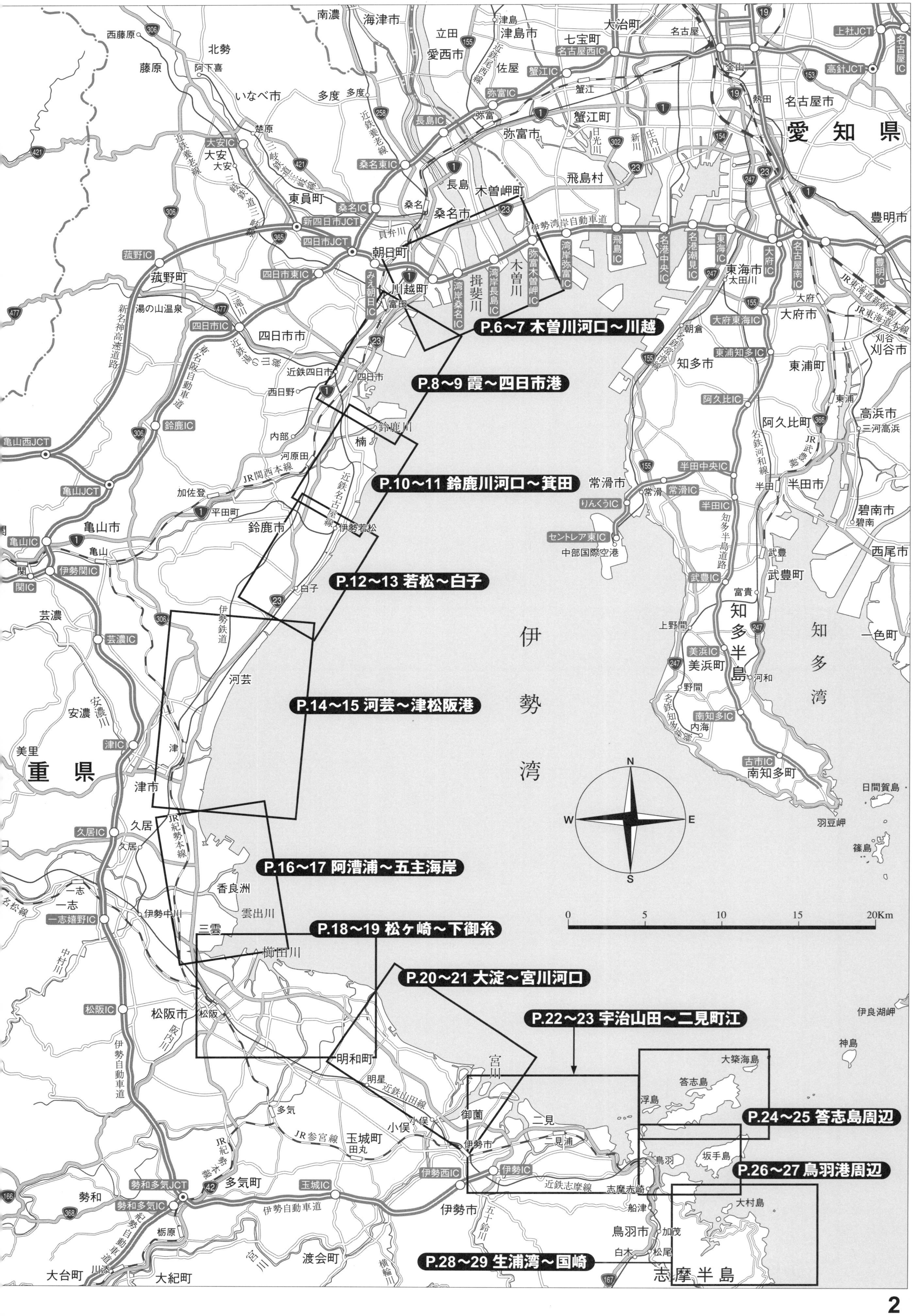
P.6～7 木曽川河口～川越
P.8～9 霞～四日市港
P.10～11 鈴鹿川河口～箕田
P.12～13 若松～白子
P.14～15 河芸～津松阪港
P.16～17 阿漕浦～五主海岸
P.18～19 松ヶ崎～下御糸
P.20～21 大淀～宮川河口
P.22～23 宇治山田～二見町江
P.24～25 答志島周辺
P.26～27 鳥羽港周辺
P.28～29 生浦湾～国崎
伊
勢
湾
知
多
湾
知
多
半
島
愛 知 県
重 県
志 摩 半 島
N
S
W
E
0
5
10
15
20Km
南濃
海津市
津島市
大治町
名古屋
立田
愛西市
七宝町
名古屋西IC
佐屋
蟹江IC
蟹江
弥富IC
長島IC
弥富
蟹江町
弥富市
飛島村
桑名東IC
長島
木曽岬町
桑名IC
桑名
桑名市
新四日市JCT
四日市JCT
朝日町
川越町
富田
四日市東IC
伊勢湾岸自動車道
湾岸弥富IC
弥富木曽岬IC
湾岸長島IC
湾岸桑名IC
みえ朝日IC
飛島IC
名港中央IC
名港潮見IC
東海IC
大府IC
名古屋南IC
豊明IC
東海市
太田川
大府
大府市
大府東海IC
朝倉
知多市
東浦知多IC
東浦町
刈谷
刈谷市
東浦
阿久比IC
高浜市
三河高浜
阿久比町
半田中央IC
常滑市
常滑
常滑IC
半田
半田市
りんくうIC
半田IC
碧南市
碧南
セントレア東IC
中部国際空港
武豊
西尾市
武豊IC
武豊町
富貴
上野間
一色町
美浜IC
美浜町
河和
野間
南知多IC
内海
古布IC
南知多町
日間賀島
羽豆岬
篠島
伊良湖岬
神島
大築海島
答志島
浮島
坂手島
鳥羽
大村島
二見
二見浦
志摩赤崎
船津
鳥羽市
加茂
白木
松尾
上社JCT
高針JCT
名古屋IC
名古屋市
熱田
金山
豊明市
西藤原
北勢
藤原
阿下喜
いなべ市
多度
大安IC
大安
東員町
菰野IC
菰野町
湯の山温泉
四日市IC
四日市市
近鉄四日市
四日市
西日野
鈴鹿IC
内部
鈴鹿川
楠
亀山西JCT
河原田
亀山JCT
加佐登
平田町
鈴鹿市
伊勢若松
亀山市
亀山IC
亀山
関
伊勢関IC
関IC
白子
芸濃
芸濃IC
河芸
安濃
津IC
美里
津
津市
久居
久居IC
香良洲
雲出川
一志
一志嬉野IC
伊勢中川
三雲
櫛田川
松阪IC
松阪市
松阪
明和町
明星
多気
小俣
玉城町
田丸
伊勢市
御薗
宮川
伊勢西IC
伊勢IC
玉城IC
勢和多気JCT
勢和多気IC
多気町
勢和
栃原
渡会町
大台町
大紀町
伊勢自動車道
近鉄志摩線
JR参宮線
五十鈴川

三重県北部〜中部エリア

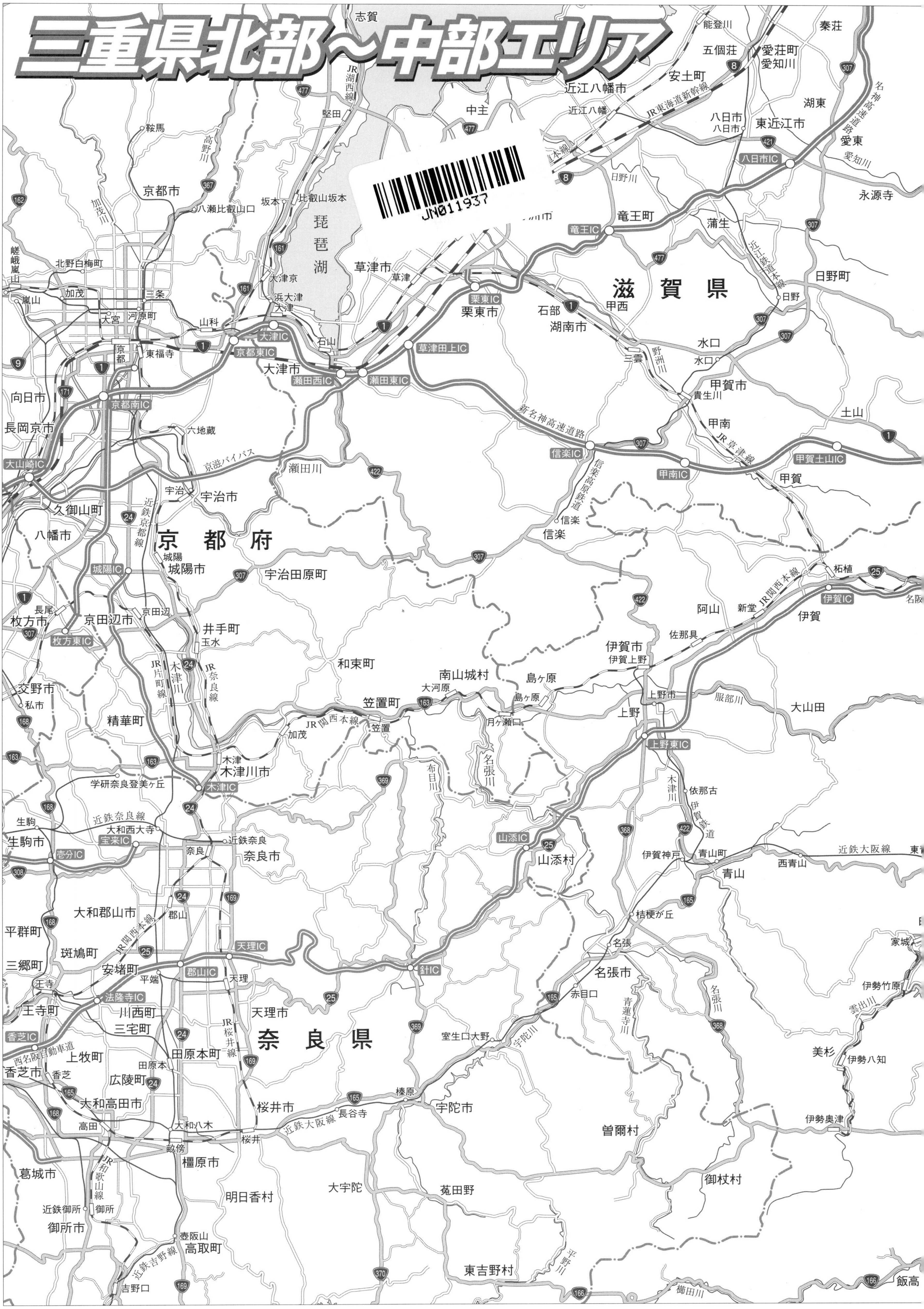

志賀
能登川
秦荘
五個荘
愛荘町
愛知川
安土町
近江八幡市
JR湖西線
JR東海道新幹線
中主
近江八幡
八日市
東近江市
湖東
名神高速道路
愛東
愛知川
八日市IC
永源寺
鞍馬
高野川
京都市
八瀬比叡山口
加茂川
坂本
比叡山坂本
琵琶湖
日野川
竜王IC
竜王町
蒲生
近江鉄道本線
嵯峨嵐山
北野白梅町
大津京
草津市
草津
滋賀県
日野町
日野
嵐山
加茂
三条
浜大津
大津
栗東IC
栗東市
石部
甲西
湖南市
大宮
河原町
山科
大津IC
石山
水口
京都
東福寺
京都東IC
草津田上IC
野洲川
三雲
向日市
大津市
瀬田西IC
瀬田東IC
甲賀市
貴生川
京都南IC
長岡京市
新名神高速道路
甲南
土山
六地蔵
JR草津線
大山崎IC
京滋バイパス
瀬田川
信楽IC
甲南IC
甲賀土山IC
甲賀
宇治
宇治市
信楽高原鉄道
久御山町
近鉄京都線
八幡市
京都府
信楽
城陽
城陽市
宇治田原町
城陽IC
柘植
JR関西本線
伊賀IC
名阪
長尾
京田辺
枚方市
京田辺市
阿山
新堂
伊賀
井手町
玉水
佐那具
枚方東IC
伊賀市
伊賀上野
和束町
JR片町線
木津川
JR奈良線
南山城村
島ヶ原
交野市
大河原
上野市
服部川
私市
笠置町
上野
大山田
精華町
JR関西本線
笠置
月ヶ瀬口
加茂
上野東IC
木津
木津川市
布目川
名張川
学研奈良登美ヶ丘
木津IC
依那古
伊賀鉄道
生駒
近鉄奈良線
大和西大寺
山添IC
山添村
近鉄大阪線
生駒市
宝来IC
近鉄奈良
伊賀神戸
青山町
西青山
壱分IC
奈良
奈良市
青山
大和郡山市
郡山
桔梗が丘
平群町
名張
家城
斑鳩町
天理IC
三郷町
安堵町
平端
郡山IC
天理
針IC
名張市
伊勢竹原
王寺
法隆寺IC
赤目口
青蓮寺川
名張川
雲出川
王寺町
川西町
天理市
三宅町
JR桜井線
室生口大野
宇陀川
香芝IC
西名阪自動車道
奈良県
美杉
田原本町
上牧町
伊勢八知
香芝市
香芝
田原本
広陵町
榛原
大和高田市
宇陀市
桜井市
長谷寺
伊勢奥津
高田
大和八木
近鉄大阪線
曽爾村
桜井
畝傍
橿原市
JR和歌山線
葛城市
御杖村
大宇陀
明日香村
菟田野
近鉄御所
御所
御所市
壺阪山
高取町
近鉄吉野線
平野川
東吉野村
飯高
吉野口
櫛田川

三重県南部エリア

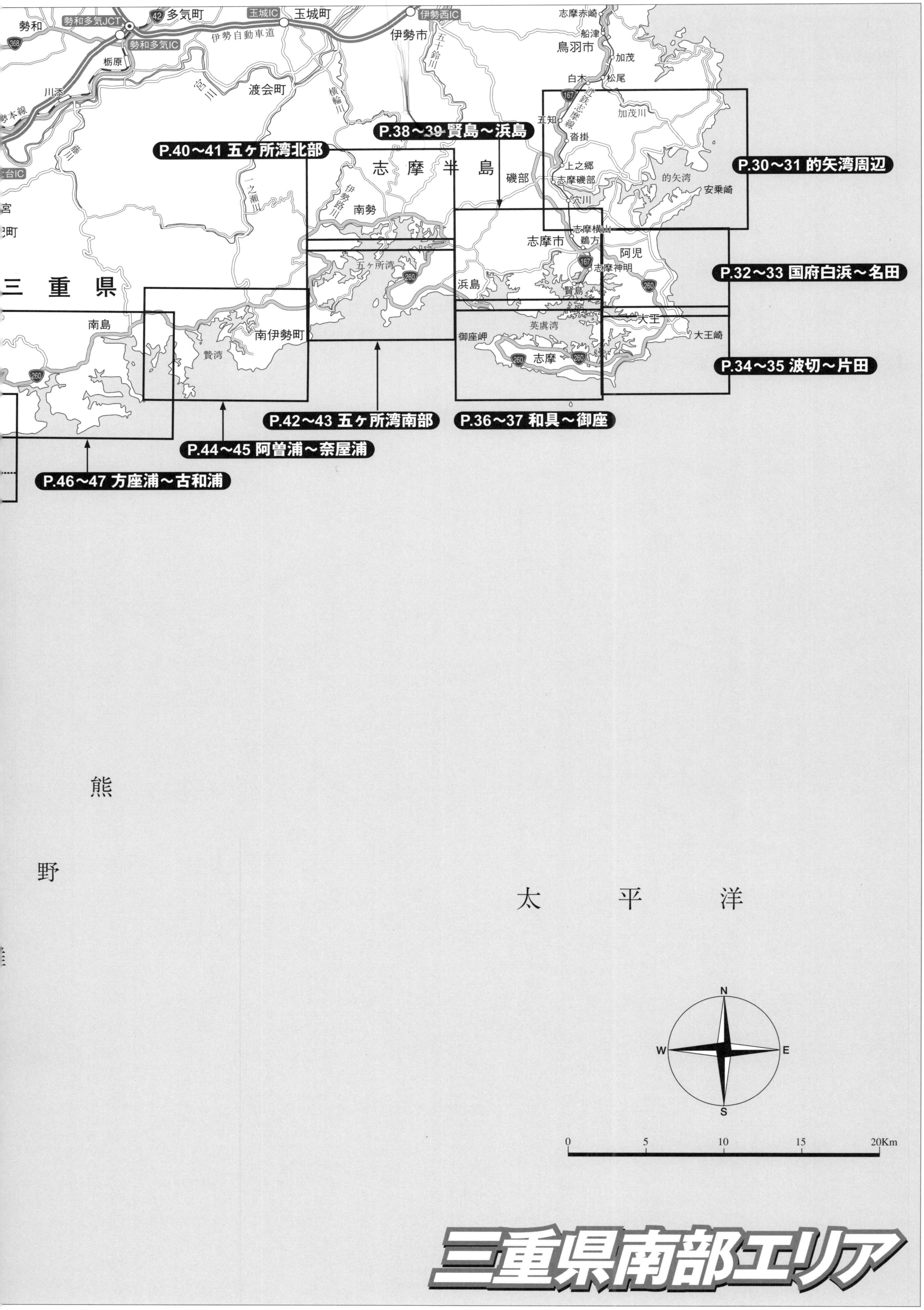

勢和
勢和多気JCT
多気町
勢和多気IC
玉城IC
玉城町
伊勢西IC
伊勢市
伊勢自動車道
五十鈴川
志摩赤崎
船津
鳥羽市
加茂
白木
松尾
栃原
川添
宮川
渡会町
横輪川
三瀬
一之瀬川
伊勢路川
南勢
志摩半島
磯部
五知
近鉄志摩線
沓掛
上之郷
志摩磯部
穴川
加茂川
的矢湾
安乗崎
志摩横山
鵜方
志摩市
阿児
志摩神明
賢島
浜島
五ヶ所湾
大王
大王崎
御座岬
英虞湾
志摩
三重県
南島
南伊勢町
贄湾
熊野灘
太平洋
N
S
E
W
0
5
10
15
20Km

P.30～31 的矢湾周辺
P.32～33 国府白浜～名田
P.34～35 波切～片田
P.36～37 和具～御座
P.38～39 賢島～浜島
P.40～41 五ヶ所湾北部
P.42～43 五ヶ所湾南部
P.44～45 阿曽浦～奈屋浦
P.46～47 方座浦～古和浦

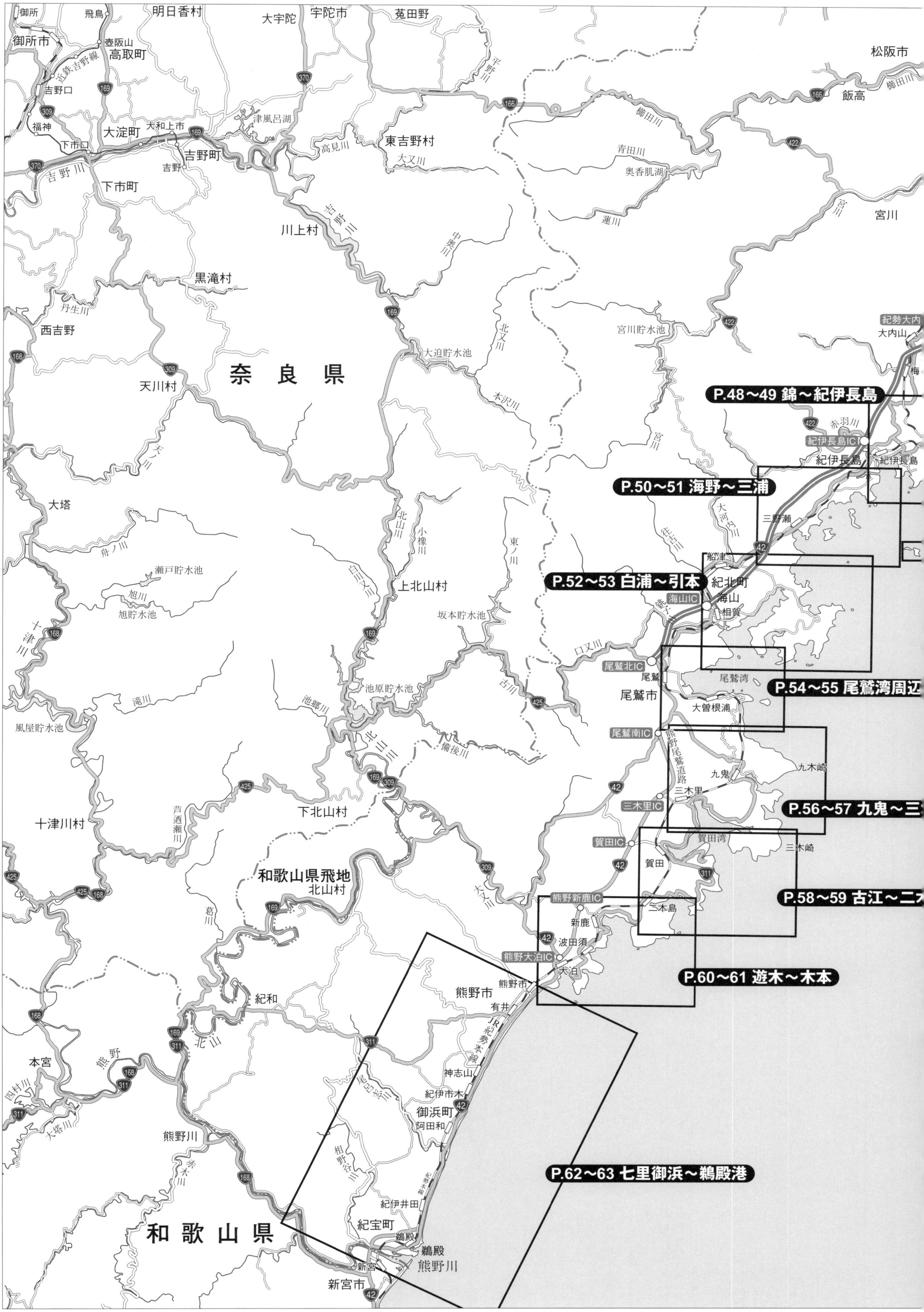
御所
飛鳥
明日香村
大宇陀
宇陀市
菟田野
御所市
壺阪山
高取町
近鉄吉野線
松阪市
吉野口
飯高
櫛田川
福神
大淀町
大和上市
津風呂湖
東吉野村
下市口
吉野町
高見川
大又川
青田川
吉野
奥香肌湖
吉野川
下市町
宮川
蓮川
吉野川
川上村
中奥川
黒滝村
丹生川
西吉野
宮川貯水池
紀勢大内
大内山
大迫貯水池
北又川
奈　良　県
天川村
本沢川
P.48～49 錦～紀伊長島
赤羽川
紀伊長島IC
紀伊長島
紀伊長島
宮川
天ノ川
P.50～51 海野～三浦
大塔
大河内川
三野瀬
北山川
小橡川
往古川
東ノ川
舟ノ川
船津
瀬戸貯水池
白川又川
P.52～53 白浦～引本
紀北町
上北山村
海山IC
海山
旭川
相賀
旭貯水池
坂本貯水池
十津川
口又川
尾鷲北IC
尾鷲
尾鷲湾
古川
P.54～55 尾鷲湾周辺
池原貯水池
尾鷲市
滝川
池郷川
大曽根浦
風屋貯水池
北山川
尾鷲南IC
熊野尾鷲道路
備後川
九木崎
九鬼
三木里
三木里IC
P.56～57 九鬼～三
下北山村
芦廼瀬川
十津川村
賀田IC
賀田湾
三木崎
賀田
和歌山県飛地
北山村
P.58～59 古江～二木
熊野新鹿IC
大又川
葛川
二木島
新鹿
波田須
熊野大泊IC
大泊
P.60～61 遊木～木本
熊野市
熊野市
紀和
有井
JR紀勢本線
北山
本宮
熊野
神志山
紀伊市木
四村川
御浜町
阿田和
大塔川
熊野川
P.62～63 七里御浜～鵜殿港
赤木川
相野谷川
紀伊井田
紀宝町
和　歌　山　県
鵜殿
鵜殿
熊野川
新宮
新宮市

木曽川《きそがわ》河口～川越《かわごえ》

木曽川と揖斐川に挟まれた中州エリア。ブッ込み釣りでチヌ、セイゴ、スズキ、ウナギ、ハゼ。投げ釣りでは両角からカレイ、キスがねらえる。スズキは90cmオーバーの可能性も大

揖斐川《いびがわ》河口右岸

非常に足場がよく広いので人気の釣り場。メインはブッ込み釣り。ボケ、カメジャコ、アオイソメなどのエサでチヌやセイゴ、スズキをねらう。濁りが入ったときは昼間からウナギがよく釣れることもある。川の流れが非常に速いので20号以上のオモリを用意したい

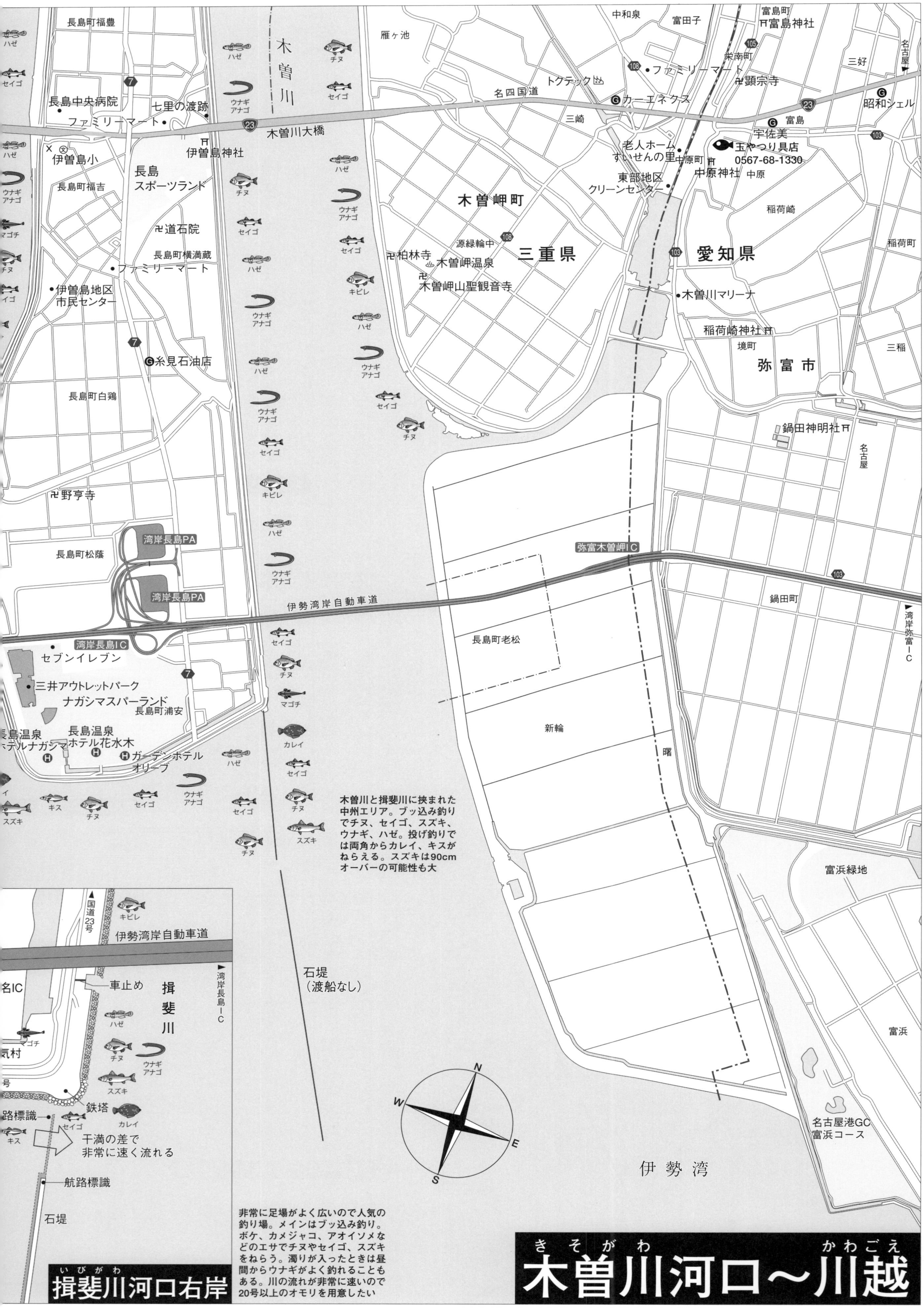

長島町福豊
木曽川
長島中央病院
七里の渡跡
ファミリーマート
名四国道
木曽川大橋
伊曽島神社
伊曽島小
長島スポーツランド
長島町福吉
道石院
長島町横満蔵
ファミリーマート
伊曽島地区市民センター
糸見石油店
長島町白鶏
野亨寺
湾岸長島PA
長島町松蔭
伊勢湾岸自動車道
湾岸長島IC
セブンイレブン
三井アウトレットパーク
ナガシマスパーランド
長島町浦安
長島温泉
ホテルナガシマ
長島温泉ホテル花水木
ガーデンホテルオリーブ
雁ヶ池
中和泉
富田子
富島町
富島神社
栄南町
三好
名古屋
トクテック
ファミリーマート
顕宗寺
カーエネクス
昭和シェル
三崎
富島
宇佐美
老人ホームすいせんの里
中原町
玉やつり具店
0567-68-1330
中原神社
中原
東部地区クリーンセンター
木曽岬町
稲荷崎
源緑輪中
三重県
愛知県
稲荷町
柏林寺
木曽岬温泉
木曽岬山聖観音寺
木曽川マリーナ
稲荷崎神社
境町
三稲
弥富市
鍋田神明社
弥富木曽岬IC
鍋田町
湾岸弥富IC
長島町老松
新輪
曙
富浜緑地
富浜
名古屋港GC富浜コース
伊勢湾
石堤（渡船なし）
N
W
E
S
ハゼ
チヌ
セイゴ
ウナギアナゴ
キビレ
マゴチ
カレイ
スズキ
キス
国道23号
伊勢湾岸自動車道
車止め
揖斐川
湾岸長島IC
鉄塔
航路標識
干満の差で非常に速く流れる
石堤

東金井
▲桑名IC
▲名古屋
東野
城東小
晴曇寺
大福
ファミリーマート
苗代神社
安永
北勢自動車学校
真光寺
金光寺
エネオス
ファミリーマート
陽和中
コスモ
朝日町歴史博物館
JR関西本線
東芝朝日テストセンター
町屋橋
ファミリーマート
江陽
桑名市
揖斐長
小向神社
縄生
ファミリーマート
ヨナハ総合病院
桑名警察署
小貝須
体育館
東芝三重工場
和泉神明社
西福寺
フィッシング遊
桑名店
0594-25-0611
出光
ファミリーマート
龍福寺
ハゼ
いせあさひ
昭和シェル
城南小
チヌ
浄泉坊
小向
町屋川緑地公園
西光寺
朝日町役場
朝日町
近鉄名古屋線
和泉
朝日小
セイゴ
神明神社
キビレ
東海道
小泉
チンダ食品工業
員弁川
揖斐川
大貝須
コスモ
日立バルブ
ウナギ
アナゴ
パワーズ
カネソウ
大貝須神社
四日市JCT
川越高
アサヒボウル
養三石油
ハゼ
日立金属物流センター
城南干拓神社
川越自動車学校
町屋大橋
北福崎
当新田
光照寺
カネソウ
日之出橋
萱町
チヌ
豊田
神明神社
川越中
エネオス
ゼロシステム
カインズホーム
福地
川越北小
スーパーサンシ
名四国道
エネオス
ファミリーマート
ファミリーマート
萱町
セイゴ
川越南小
亀須新田
朝明橋
川越町役場
四日市
川越町郷土資料館
太平町
ウナギ
アナゴ
川越町
亀尾新田
ハゼ
ハゼ
善養寺
三重化糧
南福崎
朝明川
光輪寺
チヌ
高松
みえ川越IC
ファミリーマート
福岡町
キビレ
富洲原中
セルフ富士トラ
セイゴ
ミニストップ
湾岸桑名IC
伊勢湾岸自動車道
セブンイレブン
チヨダウーテ
山本重工業
桑名天然温泉
元気村
揖斐川河口右岸
四日市市
日本トランスシティ
朝明大橋
亀崎新田
北部浄化センター
カレイ
キス
ハゼ
昭和シェル
ウナギ
アナゴ
セイゴ
チヌ
日本ヒューム
内外製粉
三重可鍛工業
日本通運
▲霞
中央鐵骨
体育館
石堤（旧堤）
日中のみ駐車可
総合運動場
川越電力館テラ46
ウェーディングポイント
非常に浅い
スズキ
マゴチ
中部電力川越火力発電所
石堤（新堤）
釣り桟橋以外は立入禁止
川越釣り桟橋（中電海釣り公園）
石堤（新々堤）
0
1000
2

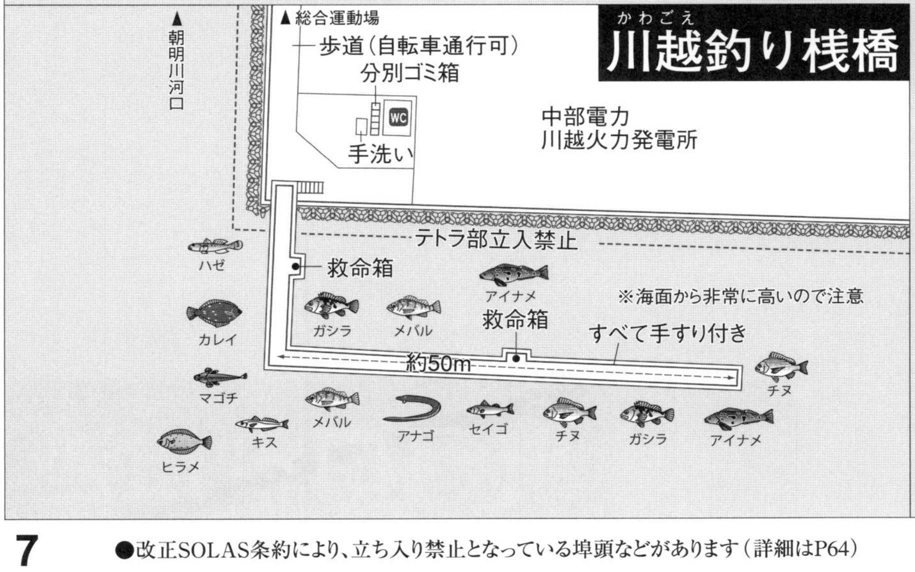
▲朝明川河口
▲総合運動場
川越《かわごえ》釣り桟橋
歩道（自転車通行可）
分別ゴミ箱
WC
中部電力
川越火力発電所
手洗い
テトラ部立入禁止
ハゼ
救命箱
アイナメ
※海面から非常に高いので注意
カレイ
ガシラ
メバル
救命箱
すべて手すり付き
約50m
チヌ
マゴチ
メバル
キス
アナゴ
セイゴ
チヌ
ガシラ
アイナメ
ヒラメ

中部電力川越火力発電所のある埋立地の一角に作られた釣り専用の桟橋で中電海釣り公園とも呼ばれるが無料。投げ釣りでキス、カレイ、ハゼ、マゴチなど。テトラ向きに探ればチヌやメバル、ガシラ、アイナメなどがねらえる。ルアーではセイゴ、スズキのほかヒラメもヒットする。ヒラメはハゼやカメジャコをエサにしてもよい。なお桟橋は海面から非常に高いので落とし
ダモがあると便利

●改正SOLAS条約により、立ち入り禁止となっている埠頭などがあります（詳細はP64）

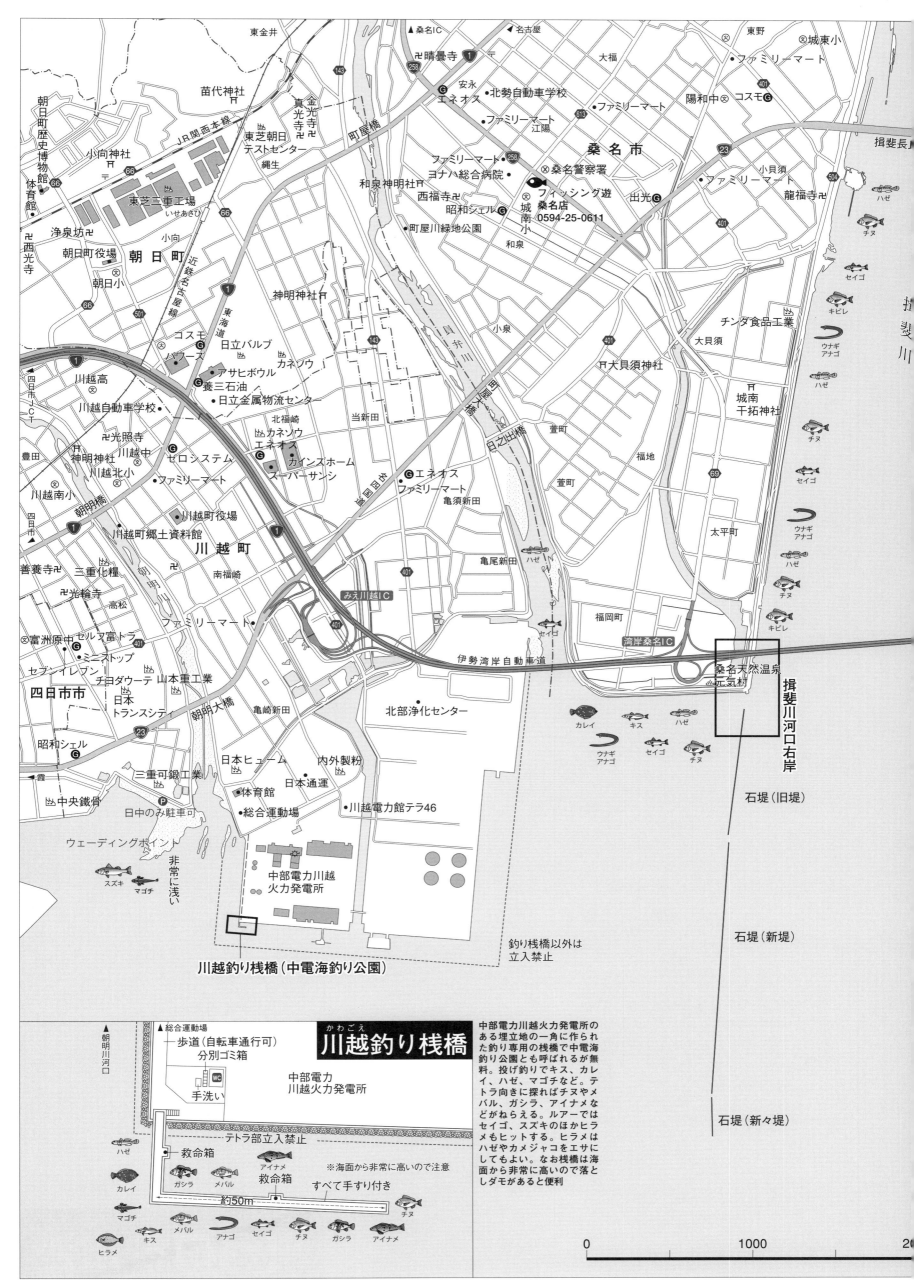

霞《かすみ》～四日市《よっかいち》港

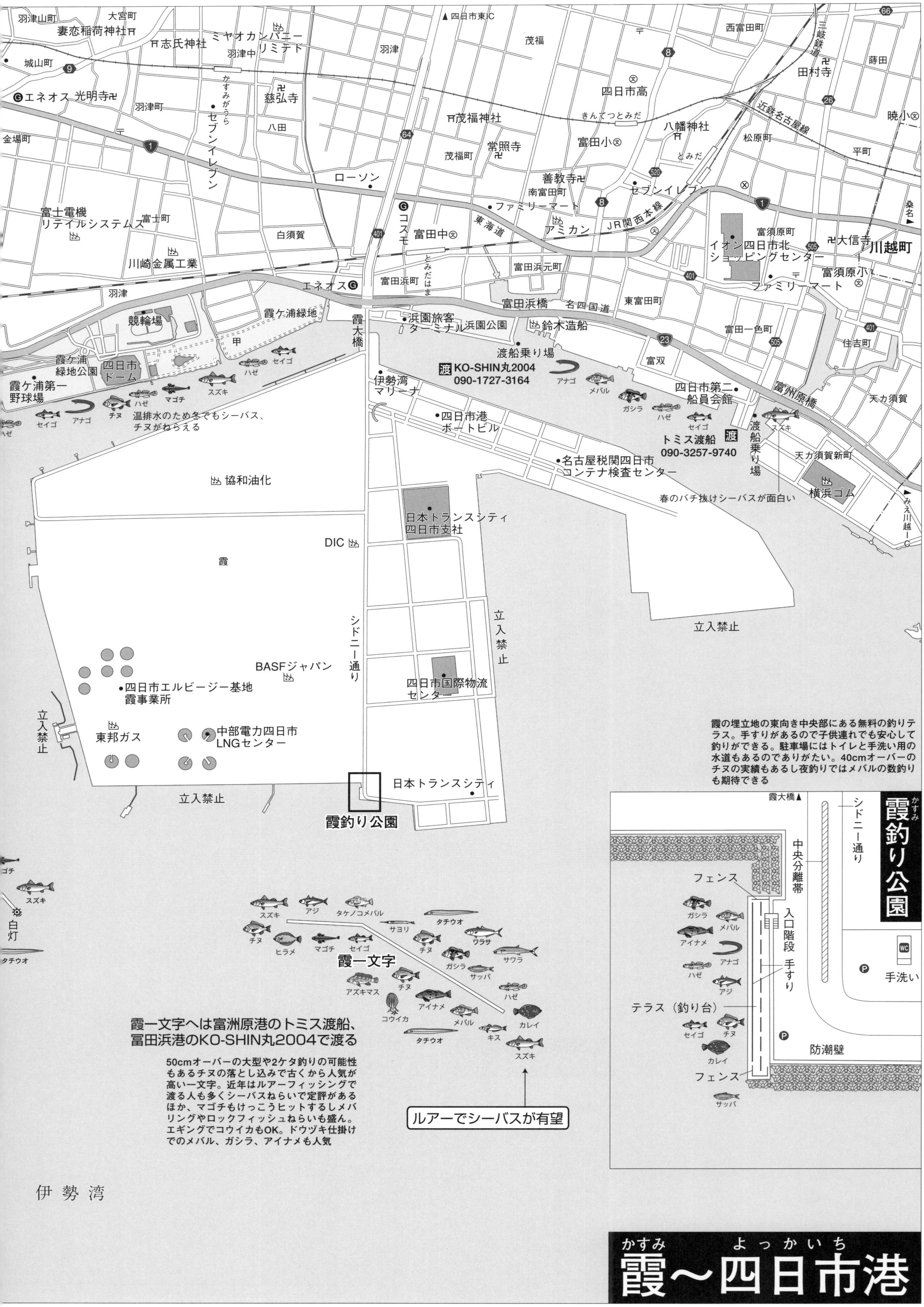
羽津山町
大宮町
妻恋稲荷神社
志氏神社
ミヤオカンパニーリミテド
羽津中
城山町
エネオス
光明寺
慈弘寺
羽津町
セブンイレブン
八田
金場町
ローソン
富士電機リテイルシステムズ
富士町
白須賀
川崎金属工業
羽津
競輪場
霞ケ浦緑地
霞ケ浦緑地公園
四日市ドーム
霞ケ浦第一野球場
甲
温排水のため冬でもシーバス、チヌがねらえる
セイゴ
ハゼ
マゴチ
スズキ
アナゴ
チヌ
▲四日市東IC
茂福
羽津
西富田町
三岐鉄道
蒔田
田村寺
四日市高
きんてつとみだ
茂福神社
近鉄名古屋線
八幡神社
暁小
茂福町
常照寺
富田小
とみだ
松原町
平町
善教寺
南富田町
セブンイレブン
ファミリーマート
コスモ
富田中
東海道
アミカン
JR関西本線
桑名
富須原町
大信寺
川越町
イオン四日市北ショッピングセンター
富田浜元町
富須原小
ファミリーマート
エネオス
富田浜町
とみだはま
富田浜橋
名四国道
東富田町
霞大橋
浜園旅客ターミナル
浜園公園
鈴木造船
富田一色町
住吉町
渡船乗り場
渡 KO-SHIN丸2004
090-1727-3164
アナゴ
メバル
富双
伊勢湾マリーナ
四日市第二船員会館
富洲原橋
天カ須賀
ガシラ
ハゼ
セイゴ
スズキ
四日市港ボートビル
トミス渡船
090-3257-9740
渡船乗り場
天カ須賀新町
名古屋税関四日市コンテナ検査センター
協和油化
春のバチ抜けシーバスが面白い
横浜ゴム
みえ川越IC
日本トランスシティ四日市支社
DIC
霞
立入禁止
シドニー通り
立入禁止
BASFジャパン
四日市エルビージー基地霞事業所
四日市国際物流センター
立入禁止
東邦ガス
中部電力四日市LNGセンター
日本トランスシティ
立入禁止
霞釣り公園
マゴチ
スズキ
白灯
タチウオ
スズキ
アジ
タケノコメバル
サヨリ
タチウオ
チヌ
ヒラメ
マゴチ
セイゴ
チヌ
ワラサ
サワラ
霞一文字
ガシラ
サッパ
アズキマス
チヌ
ハゼ
コウイカ
アイナメ
メバル
カレイ
タチウオ
キス
スズキ
ルアーでシーバスが有望
伊勢湾
霞大橋▲
シドニー通り
中央分離帯
フェンス
入口階段
手すり
テラス（釣り台）
防潮壁
フェンス
手洗い
ガシラ
メバル
アイナメ
アナゴ
ハゼ
アジ
セイゴ
チヌ
カレイ
サッパ

霞一文字へは富洲原港のトミス渡船、冨田浜港のKO-SHIN丸2004で渡る

50cmオーバーの大型や2ケタ釣りの可能性もあるチヌの落とし込みで古くから人気が高い一文字。近年はルアーフィッシングで渡る人も多くシーバスねらいで定評があるほか、マゴチもけっこうヒットするしメバリングやロックフィッシュねらいも盛ん。エギングでコウイカもOK。ドウヅキ仕掛けでのメバル、ガシラ、アイナメも人気

霞《かすみ》釣り公園

霞の埋立地の東向き中央部にある無料の釣りテラス。手すりがあるので子供連れでも安心して釣りができる。駐車場にはトイレと手洗い用の水道もあるのでありがたい。40cmオーバーのチヌの実績もあるし夜釣りではメバルの数釣りも期待できる

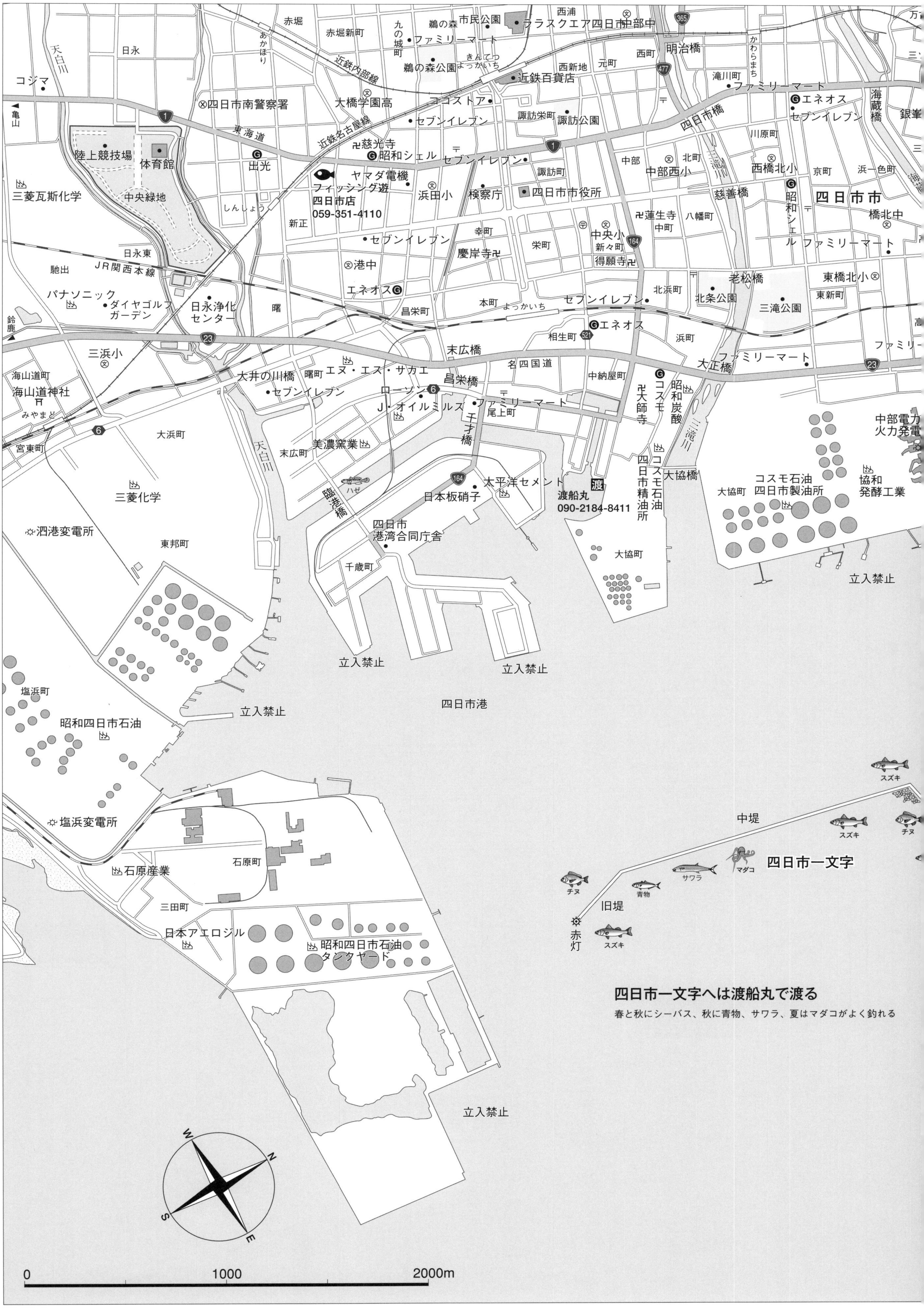

●改正SOLAS条約により、立ち入り禁止となっている埠頭などがあります（詳細はP64）

磯津漁港

秋～春のアイナメが面白い

渡船利用以外の四日市市内の釣り場で超オススメのポイントが磯津漁港。前打ちやブッ込みのチヌ、電気ウキやブッ込みでねらうセイゴ、マダカ、投げ釣りのキス、ハゼ、アナゴ、ウナギと釣りものが豊富だが、近年復活したのがアイナメ。25～40cmとサイズは幅があるが前打ち、探り、ブッ込み、投げと好みの釣り方でねらえる。ほかメバル、ガシラなどロックフィッシュも多くルアーやモエビをエサにウキ釣りするとよい

楠漁港には北堤、南堤と2つの突堤があるが入りやすいのは根元に駐車スペースがある南堤。釣りものは北隣の磯津漁港とほぼ同じだが、小場所のため釣果は若干落ちる。両側の浜からは投げ釣りでキスの数釣りが面白い

楠漁港

30cm前後のグレが釣れる

清水釣具店
059-346-0569

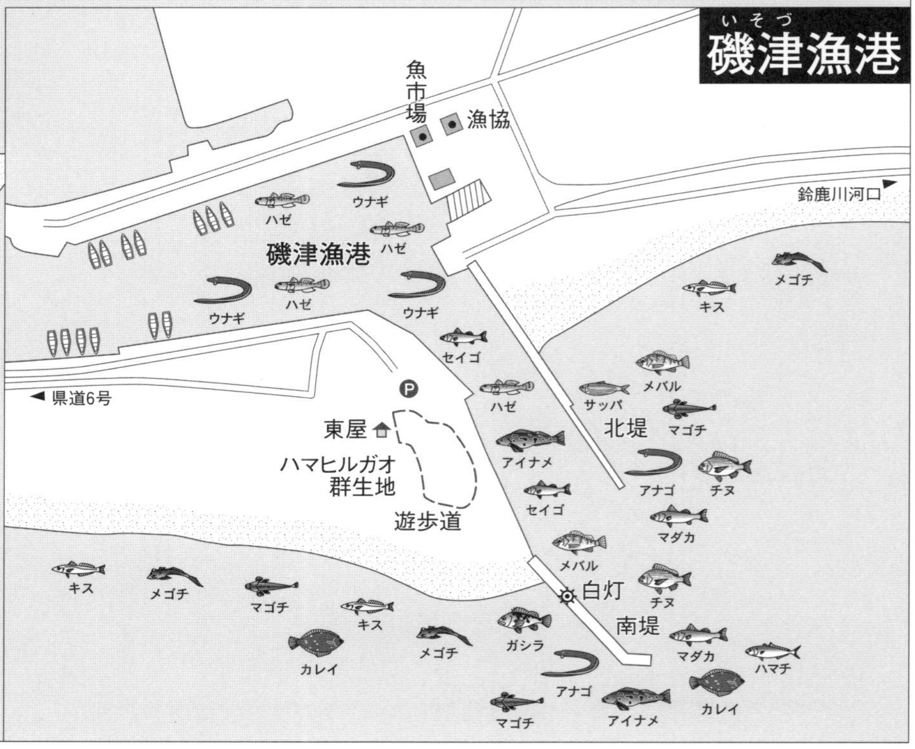

鈴鹿川《すずかがわ》河口〜箕田《みだ》

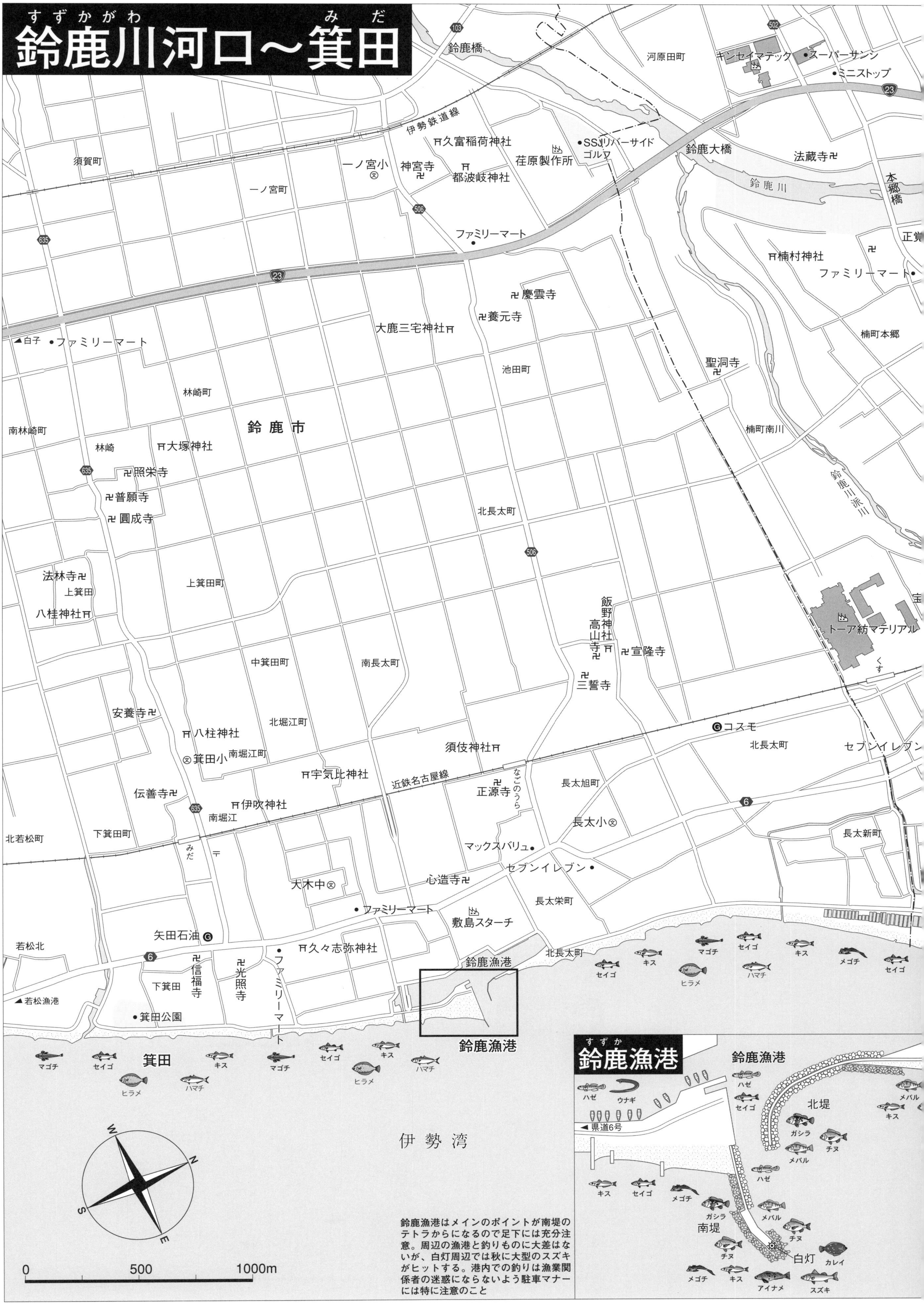

103
鈴鹿橋
河原田町
キンセイマテック
スーパーサンシ
ミニストップ
502
23
伊勢鉄道線
久富稲荷神社
SSJリバーサイドゴルフ
荘原製作所
鈴鹿大橋
法蔵寺
須賀町
一ノ宮小
神宮寺
都波岐神社
一ノ宮町
鈴鹿川
本郷橋
506
635
ファミリーマート
楠村神社
ファミリーマート
慶雲寺
養元寺
大鹿三宅神社
白子
ファミリーマート
楠町本郷
聖洞寺
池田町
林崎町
鈴鹿市
南林崎町
林崎
大塚神社
楠町南川
照栄寺
普願寺
圓成寺
鈴鹿川派川
北長太町
法林寺
上箕田
上箕田町
八桂神社
飯野神社
高山寺
宣隆寺
トーア紡マテリアル
中箕田町
南長太町
三誓寺
くす
安養寺
北堀江町
八柱神社
コスモ
北長太町
セブンイレブン
須伎神社
箕田小
南堀江町
宇気比神社
近鉄名古屋線
なごのうら
正源寺
長太旭町
伝善寺
伊吹神社
南堀江
6
長太小
北若松町
下箕田町
みだ
マックスバリュ
長太新町
セブンイレブン
大木中
心造寺
長太栄町
ファミリーマート
敷島スターチ
矢田石油
若松北
久々志弥神社
信福寺
光照寺
ファミリーマート
鈴鹿漁港
北長太町
下箕田
若松漁港
箕田公園
鈴鹿漁港
箕田
マゴチ
セイゴ
キス
ヒラメ
ハマチ
メゴチ
伊勢湾
W
N
S
E
0
500
1000m
鈴鹿《すずか》漁港
鈴鹿漁港
ハゼ
ウナギ
県道6号
北堤
メバル
ガシラ
チヌ
南堤
白灯
カレイ
アイナメ
スズキ

鈴鹿漁港はメインのポイントが南堤のテトラからになるので足下には充分注意。周辺の漁港と釣りものに大差はないが、白灯周辺では秋に大型のスズキがヒットする。港内での釣りは漁業関係者の迷惑にならないよう駐車マナーには特に注意のこと

若松《わかまつ》～白子《しろこ》

ミニストップ
阿自賀神社
善導寺
善昌寺
鈴鹿市役所
税務所
須賀
鈴鹿工機
神戸
欣念寺
飯野寺屋町
ファミリーマート
矢橋
安塚町
誓休寺
すずか
須賀町
一ノ宮町
伊勢鉄道線
鈴鹿中央GC
宇気比神社
矢橋町
願正寺
鈴鹿キリスト教福音教会
鈴鹿市
伊勢街道
北玉垣町
神戸寺屋町
肥田町
山上池
セブンイレブン
マックスバリュ
西玉垣町
四日市
日晶製油
宇気比神社
正信寺
玉垣小
妙法寺
林崎町
ファミリーマート
善應寺
金沢川
柳町
南林崎町
林崎
大塚神社
エネオス
蓮花寺
東安寺
やなぎ
照栄寺
彌都加伎神社
普願寺
矢崎神社
圓成寺
東玉垣町
ファミリーマート
牛頭天王神社
近鉄鈴鹿線
一尊堂
千代崎中
中島神社
西土師神社
上箕田町
法林寺
上箕田
上箕田町
金光寺
土師町
玉垣中央公園
柳町
武内土師神社
鈴鹿医療科学大
福善寺
北若松町
中箕田町
玉垣変電所
安養寺
中箕田町
中箕田
八柱神社
鈴鹿厚生病院
若松西
箕田小
南堀江町
ファミリーマート
春日稲荷神社
伝善寺
南堀江
片岡町
聖徳寺
佛教寺
台蓮寺
伊吹神社
緑芳寺
北若松町
下箕田町
貴志神社
金沢川
海のみえる岸岡山緑地
光勝禅寺
岸岡山
近鉄名古屋線
みだ
弘善寺
いせわかまつ
見潮寺
鈴鹿漁港
ちよざき
ファミリーマート
若松中
若松小
若松北
マックスバリュ
出光
春日神社
浜田神社
深田神社
心海寺
信福寺
光照寺
南若松町
ウナギ
宝祥寺
若松東
西運寺
中若松町
下箕田
箕田公園
崎海水浴場
千代崎海岸
ハマチ
キス
セイゴ
メゴチ
マゴチ
千代崎港
チヌ
セイゴ
メゴチ
若松漁港
千代崎港
小突堤で前打ちのチヌが面白い
※秋～春は海苔ひびが立つ

若松漁港はチヌやガシラもねらえるがセイゴ、ハゼなどがメインのターゲット。セイゴは電気ウキでの夜釣りが人気。投げ釣りでキスもOK

千代崎港《ちよざき》

立入禁止
ハゼ
公園
公園
ウナギ
若松漁港
千代崎港
崎海水浴場
キス
マゴチ
ヒラメ
メバル
ガシラ
チヌ
メゴチ
キス
セイゴ
サッパ
白灯

港の両側に公園、トイレ、駐車場がありファミリーフィッシングに最適の釣り場。メインは白灯がある大きいほうの防波堤。魚種は豊富だがブッ込みのセイゴと電気ウキでねらうメバルがおすすめ。虫エサや魚の切り身でアナゴをねらってみるのも楽しい。サビキはサッパが中心

若松漁港《わかまつ》

水門
千代崎港
若松漁港
鈴鹿漁港
メゴチ
メゴチ
キス
ハゼ
キス
ガシラ
セイゴ
ガシラ
チヌ
セイゴ
白灯

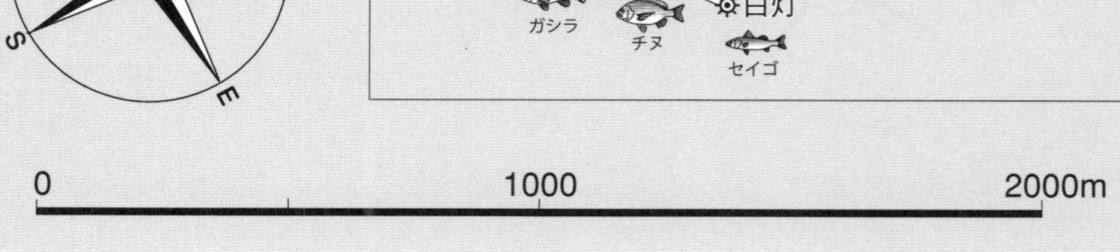

W
N
S
E
0
1000
2000m

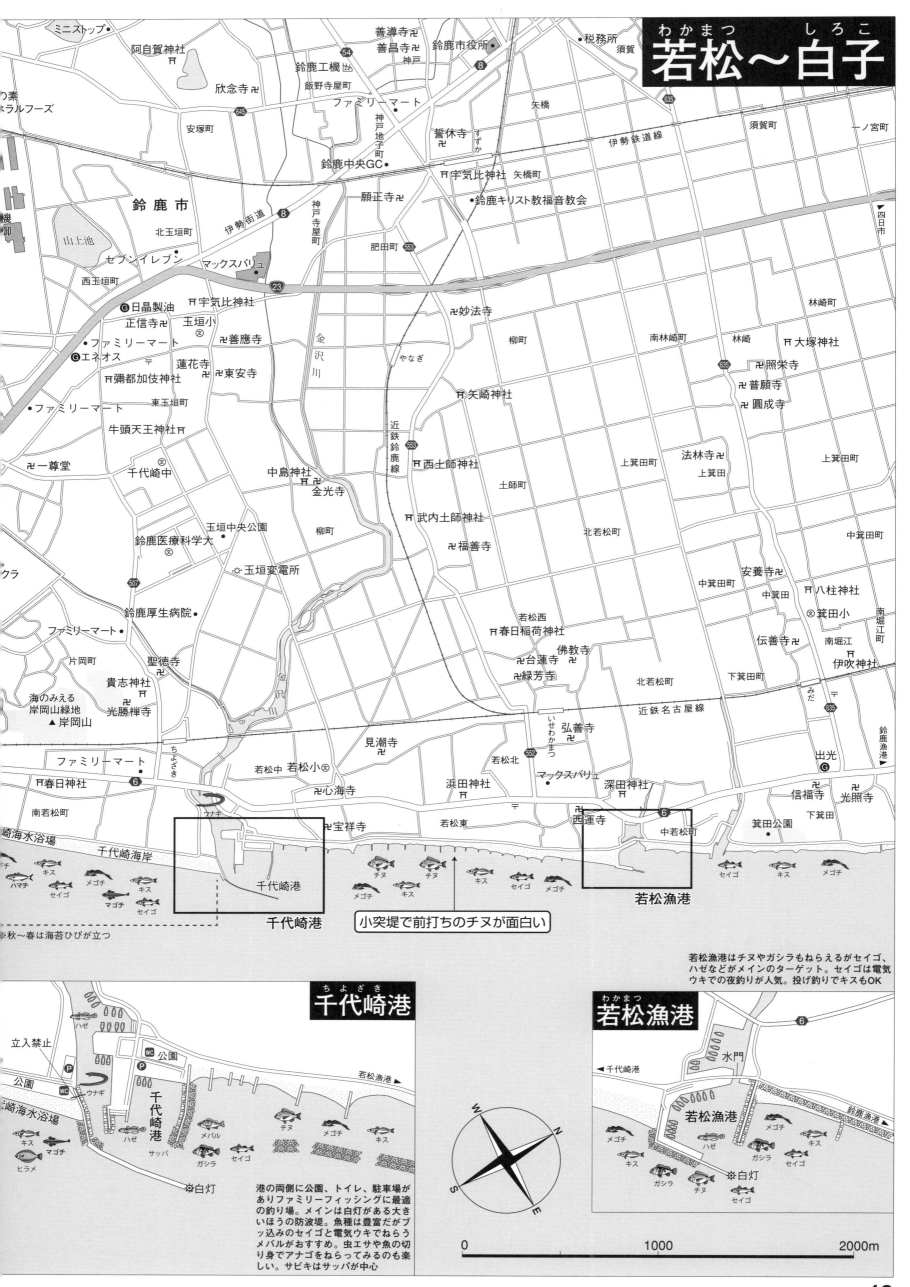

白子《しろこ》釣り桟橋

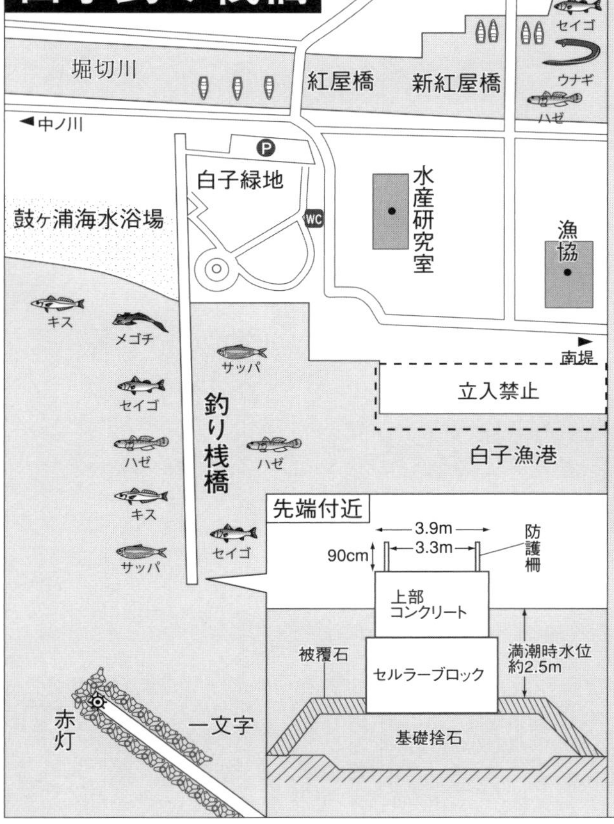

白子漁港の南端、鼓ヶ浦海水浴場との境にあるのがケーソン構造の白子釣り桟橋。手すり付きで要所に救命箱も設置され家族連れには安心の釣り場。釣りもののメインはサビキのサッパ（アジは少ない）のほかセイゴ、ハゼ、キスなど

白子《しろこ》漁港

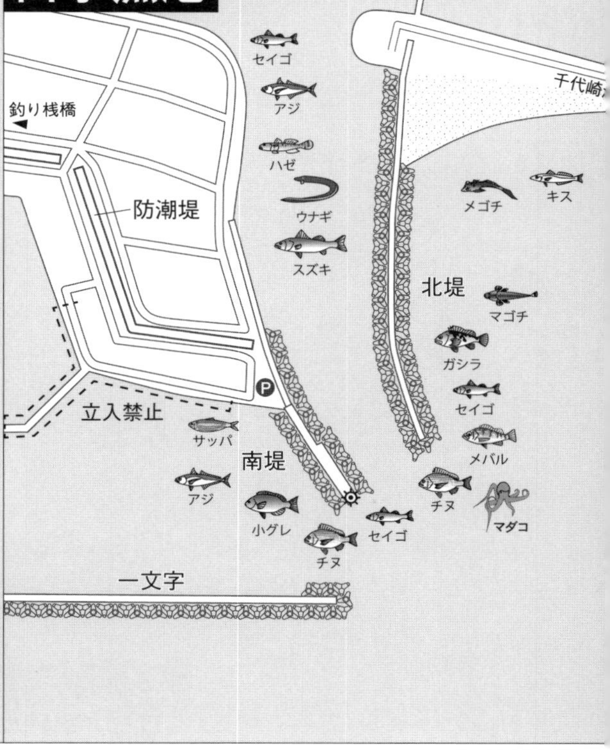

白子漁港の入口には北堤と南堤があるがアクセスしやすいのは南堤。両堤とも前打ちのチヌやテトラからの根魚ねらいが人気。メバル、ガシラが釣れる。以前あった一文字への渡船は現在営業していない

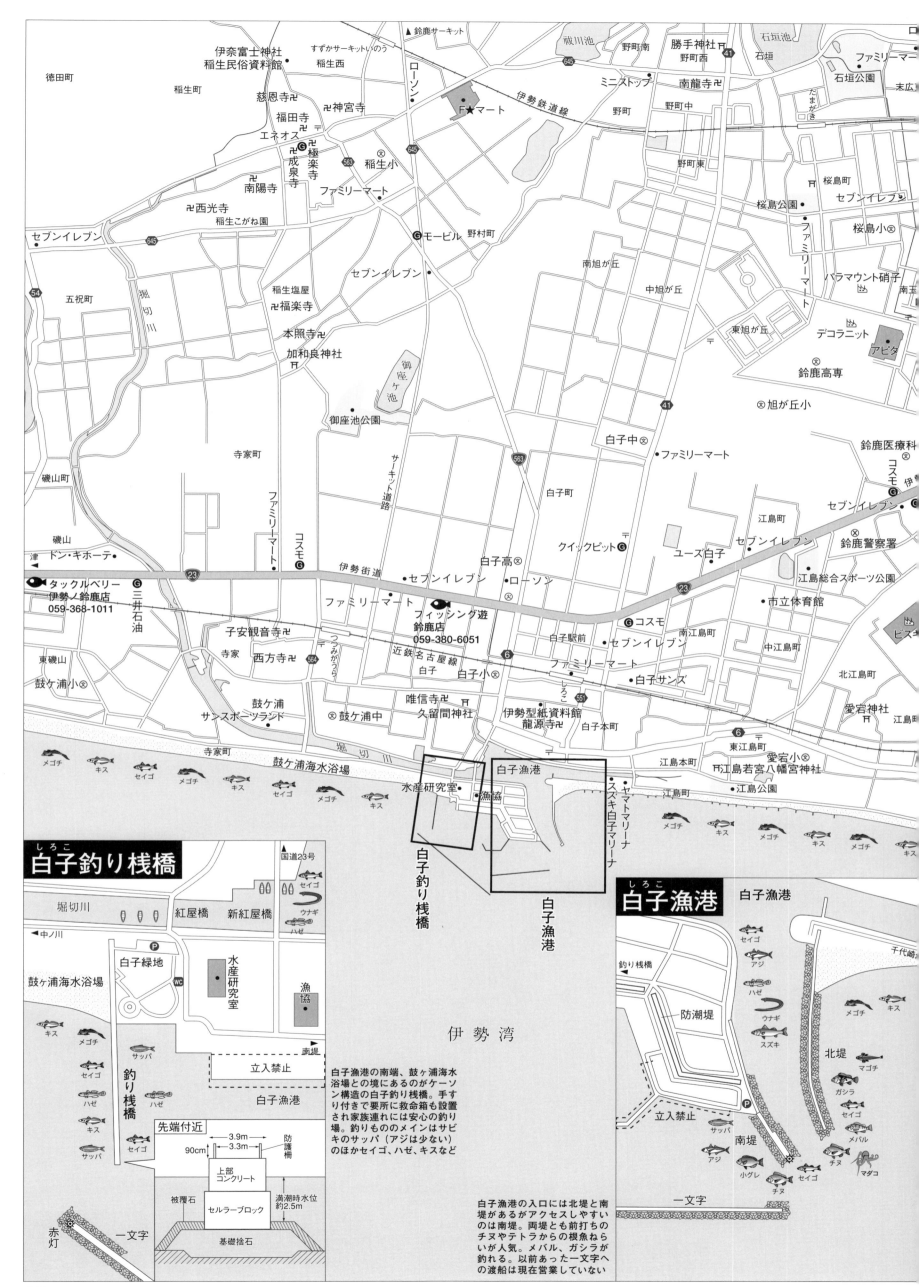

津インター
大里窪田町
大里睦合町
大里山室町
鈴鹿ツインサーキット
亀山
西福寺
中勢バイパス
中勢グリーンパーク
三宅町
合川小
高田高
専修寺
大里小野田町
大里川北町
志登茂川
小木曽工業
黒田神社
高田短大
八柱神社
河芸町三行
浄泉寺
徳居町
観音寺
浄光寺
河芸北黒田
慈光寺
一身田豊野
事忌神社
伊勢鉄道線
黒田小
弥尼布理神社
河芸町高佐
八雲神社
河芸町赤部
法蔵寺
大円寺
栗真小
観音寺
栗真小川町
光徳寺
極楽寺
啓運寺
ローソン
コスモ
マックスバリュ
エネオス
ファミリーマート
河芸町久知野
鈴鹿市
宇気比神社
河芸町浜田
白塚小
セブンイレブン
ミニストップ
河芸町中瀬
かわげ
長寿の森総合センター
白郷稲荷神社
真福寺
西念寺
郡山町
町民の森公園
市役所河芸庁舎
郡山小
白塚町
しらつか
中瀬八幡神社
田中川
朝陽中
河芸町杜の町
セブンイレブン
鈴鹿国際大
千里ケ丘自然公園
河芸町影重
白塚漁協
近鉄名古屋線
本昌寺
ファミリーマート
伊勢鉄道線
立入禁止
白塚漁港
ペトラス
本城山
西教寺
中瀬古町
いせうえの
なかせこ
河芸町千里ケ丘
河芸町一色
豊津小
とよつうえの
河芸町上野
イオン
スーパーセンター
円光寺
上野神社
西池
了性寺
マゴチ
ヒラメ
セイゴ
キス
ワラサ
ハマチ
ミニストップ
千里ケ丘小
河芸町西千里
秋永町
河芸町中別保
八雲神社
慈教寺
生入寺
伊勢街道
春日神社
立入禁止
河芸漁港
ローソン
オークワ
河芸町東千里
ちさと
エネオス
オシキョー
エレクトロニクス
磯山町
正法寺
本福寺
中ノ川
村上八幡神社
正安寺
伊勢湾
岐阜マリン
スポーツセンター
マリーナ河芸
磯山
ウナギ
田中川河口
白子
いそやま
ウナギ釣りが面白い
ファミリーマート
チヌ
ハゼ
中ノ川河口
東磯山

中ノ川河口には両岸に小突堤があってセイゴ、チヌ、キス、ハゼなどが釣れる。面白いのは川沿いのウナギ。カメジャコやアケミ貝のむき身などをエサにブッ込み釣り。国道23号より上流の堰までOK

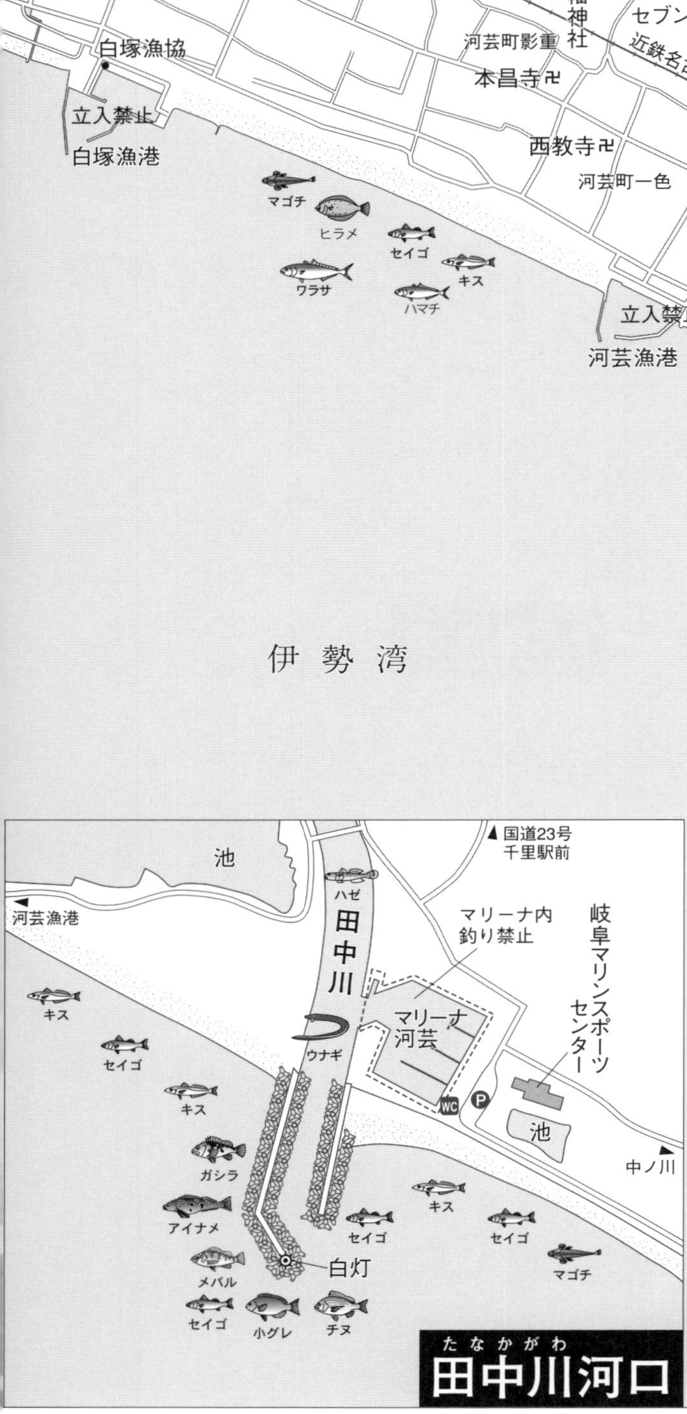

池
国道23号
千里駅前
河芸漁港
ハゼ
田中川
マリーナ内
釣り禁止
岐阜マリンスポーツセンター
マリーナ河芸
キス
セイゴ
ウナギ
池
中ノ川
ガシラ
アイナメ
メバル
白灯
小グレ
チヌ
マゴチ

田中川《たなかがわ》河口

初夏から秋にかけてのセイゴねらいが面白い釣り場。田中川河口両岸の防波堤がポイント。マリーナは釣り禁止なので注意。川筋でのハゼ釣りやウナギ釣りもよい

河芸《かわげ》〜津松阪港《つまつさかこう》

津松阪港

（つままつさか）

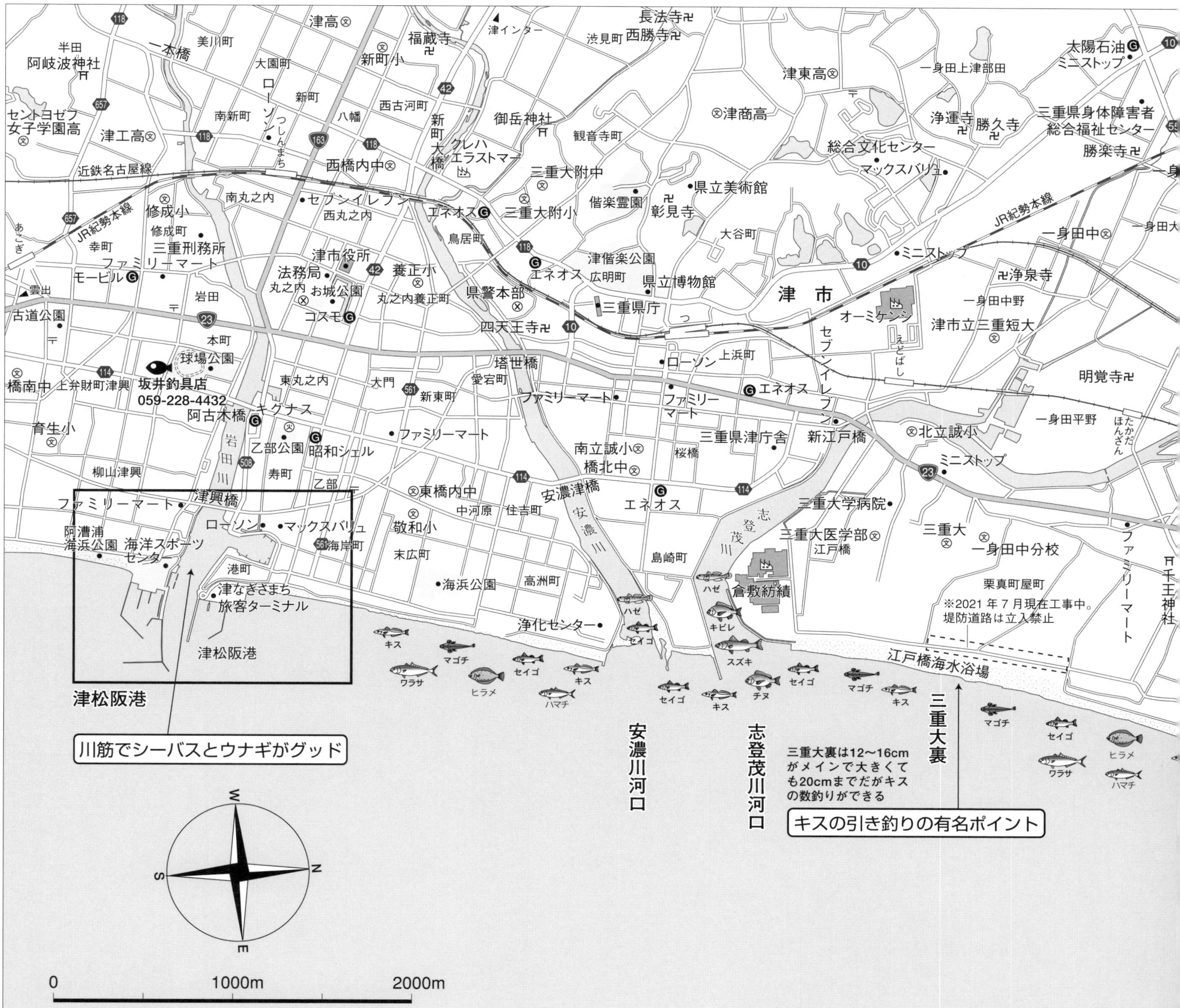

津松阪港は岩田川河口の両岸に広がる規模の大きな港だが旅客ターミナル周辺、ヨットハーバーはともに立入禁止なので釣りをしないように。釣り場のメインはヨットハーバー側の赤灯波止で、前打ちのチヌ、ルアーのシーバスなどが有望。アオリイカも釣れなくはないが、あまり期待できない。冬場はルアーでロックフィッシュも人気がある。注目は岩田川筋のウナギとシーバスで良型がヒットする。周辺の浜からはキスがねらえる

川筋でシーバスとウナギがグッド

三重大裏は12〜16cmがメインで大きくても20cmまでだがキスの数釣りができる

キスの引き釣りの有名ポイント

坂井釣具店
059-228-4432

三重釣エサセンター
059-228-8818

JFEエンジニアリングのある埋立地で周辺エリアでは最大規模の釣り場。すべてテトラからの釣りになるので足下には注意したい。釣りものが豊富で大物もヒットするので人気がある。特に先端部の前打ちではイシダイがねらえ50cm級の実績も。また大型のクロソイも多く60cm級が釣れたというウワサも。チヌは前打ちのほか、オキアミのフカセもOK。沖一帯は砂底なので投げ釣りでキス、カレイもいける。ルアーではシーバスの他、秋には青物の回遊もあるしメッキも釣れる。エギングでアオリイカねらいも盛んな場所

雲出鋼管《くもずこうかん》

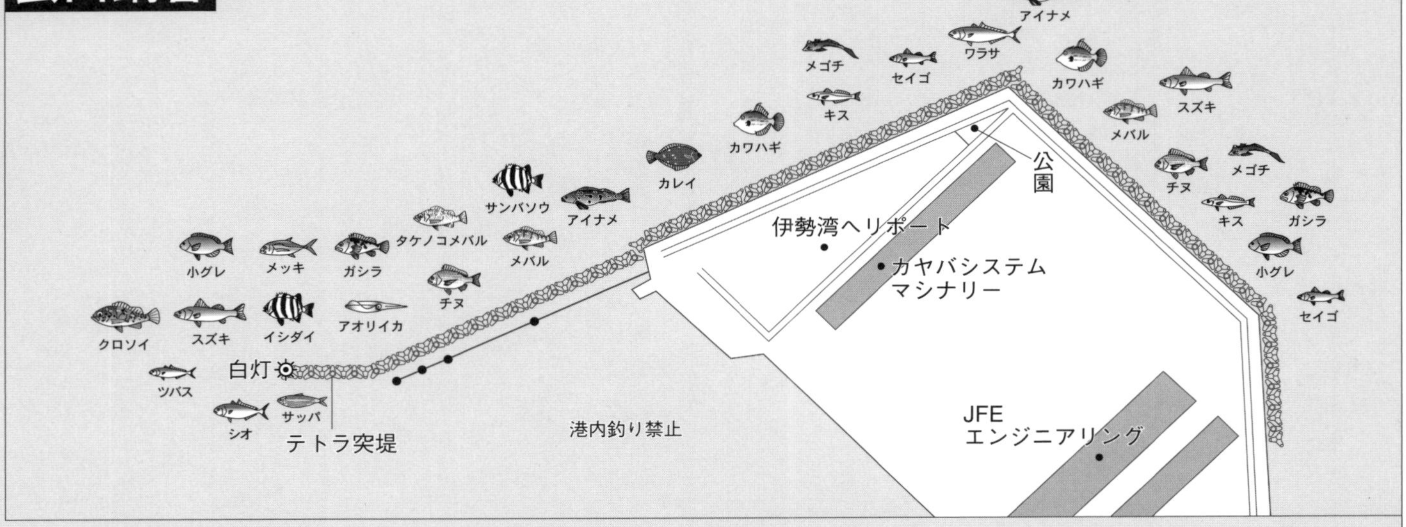

アイナメ
ワラサ
メゴチ
セイゴ
カワハギ
キス
スズキ
メバル
カワハギ
カレイ
メゴチ
チヌ
キス
ガシラ
小グレ
セイゴ
サンバソウ
アイナメ
タケノコメバル
メバル
小グレ
メッキ
ガシラ
チヌ
クロソイ
スズキ
イシダイ
アオリイカ
ツバス
白灯
シオ
サッパ
テトラ突堤
公園
伊勢湾ヘリポート
カヤバシステム
マシナリー
港内釣り禁止
JFE
エンジニアリング

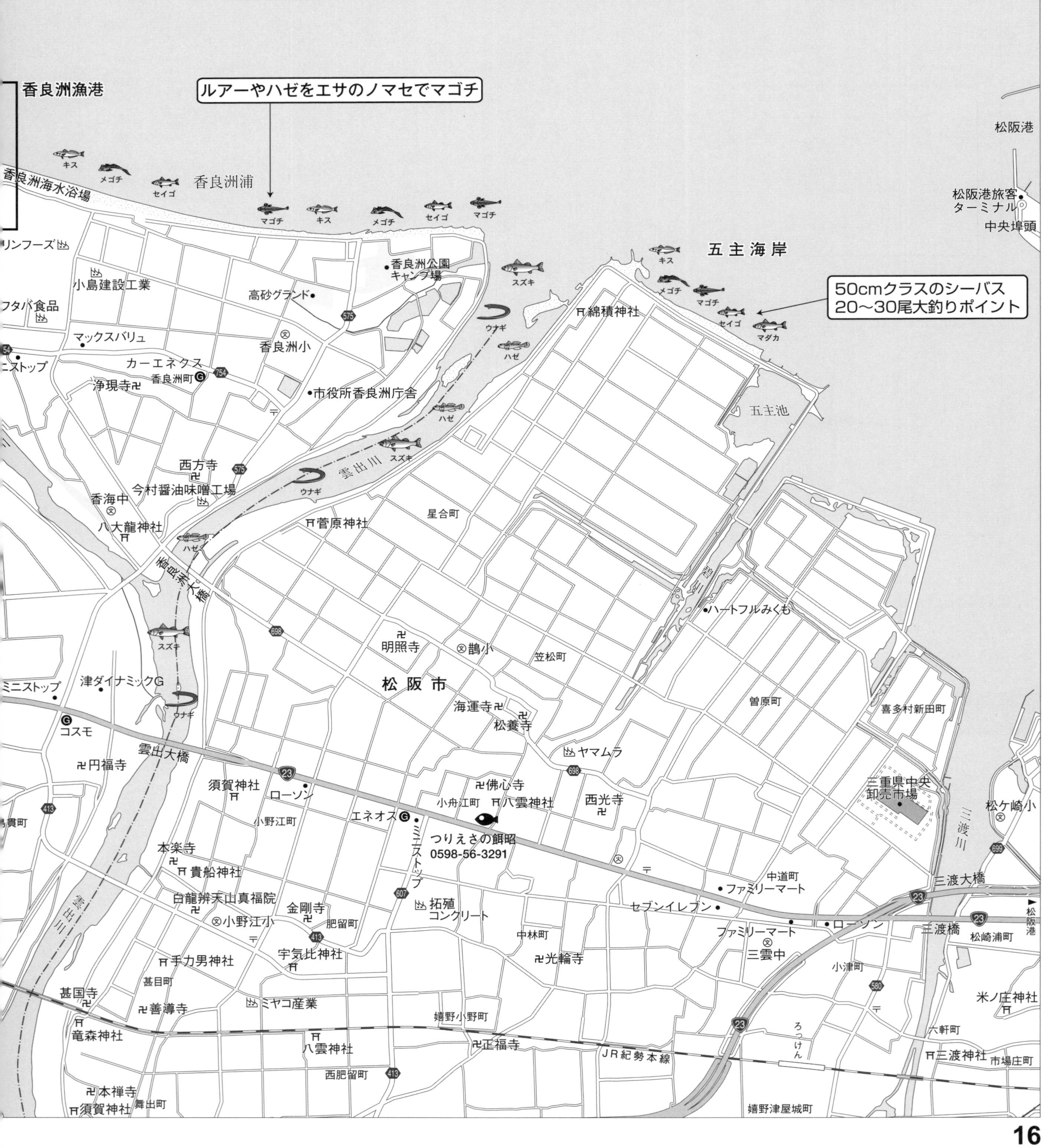

伊勢湾
香良洲漁港
ルアーやハゼをエサのノマセでマゴチ
松阪港
キス
メゴチ
セイゴ
香良洲浦
香良洲海水浴場
マゴチ
キス
メゴチ
セイゴ
マゴチ
松阪港旅客ターミナル
中央埠頭
五主海岸
キス
メゴチ
マゴチ
セイゴ
マダカ
50cmクラスのシーバス
20〜30尾大釣りポイント
スズキ
リンフーズ
小島建設工業
香良洲公園
キャンプ場
高砂グランド
フタバ食品
綿積神社
575
ウナギ
ハゼ
マックスバリュ
香良洲小
54
ミニストップ
カーエネクス
香良洲町
754
浄現寺
市役所香良洲庁舎
ハゼ
五主池
スズキ
西方寺
575
雲出川
ウナギ
今村醤油味噌工場
香海中
星合町
八大龍神社
菅原神社
ハゼ
香良洲大橋
三雲
ハートフルみくも
スズキ
698
明照寺
鵲小
笠松町
ミニストップ
津ダイナミックG
松阪市
海運寺
曽原町
喜多村新田町
ウナギ
松養寺
コスモ
ヤマムラ
雲出大橋
円福寺
23
698
須賀神社
ローソン
佛心寺
三重県中央
卸売市場
小舟江町
八雲神社
西光寺
松ケ崎小
413
小野江町
エネオス
三渡川
貫町
ミニストップ
つりえさの餌昭
0598-56-3291
本楽寺
699
貴船神社
中道町
三渡大橋
ファミリーマート
607
23
白龍辨天山真福院
拓殖
コンクリート
セブンイレブン
松阪港
金剛寺
小野江小
肥留町
ファミリーマート
ローソン
三渡橋
松崎浦町
中林町
三雲中
宇気比神社
手力男神社
光輪寺
小津町
甚目町
580
甚国寺
米ノ庄神社
ミヤコ産業
善導寺
ろっけん
23
六軒町
嬉野小野町
竜森神社
正福寺
JR紀勢本線
八雲神社
三渡神社
市場庄町
西肥留町
413
本禅寺
須賀神社
舞出町
嬉野津屋城町

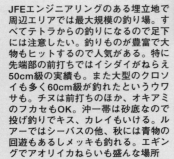

阿漕浦《あこぎうら》～五主《ごぬし》海岸

香良洲《からす》漁港

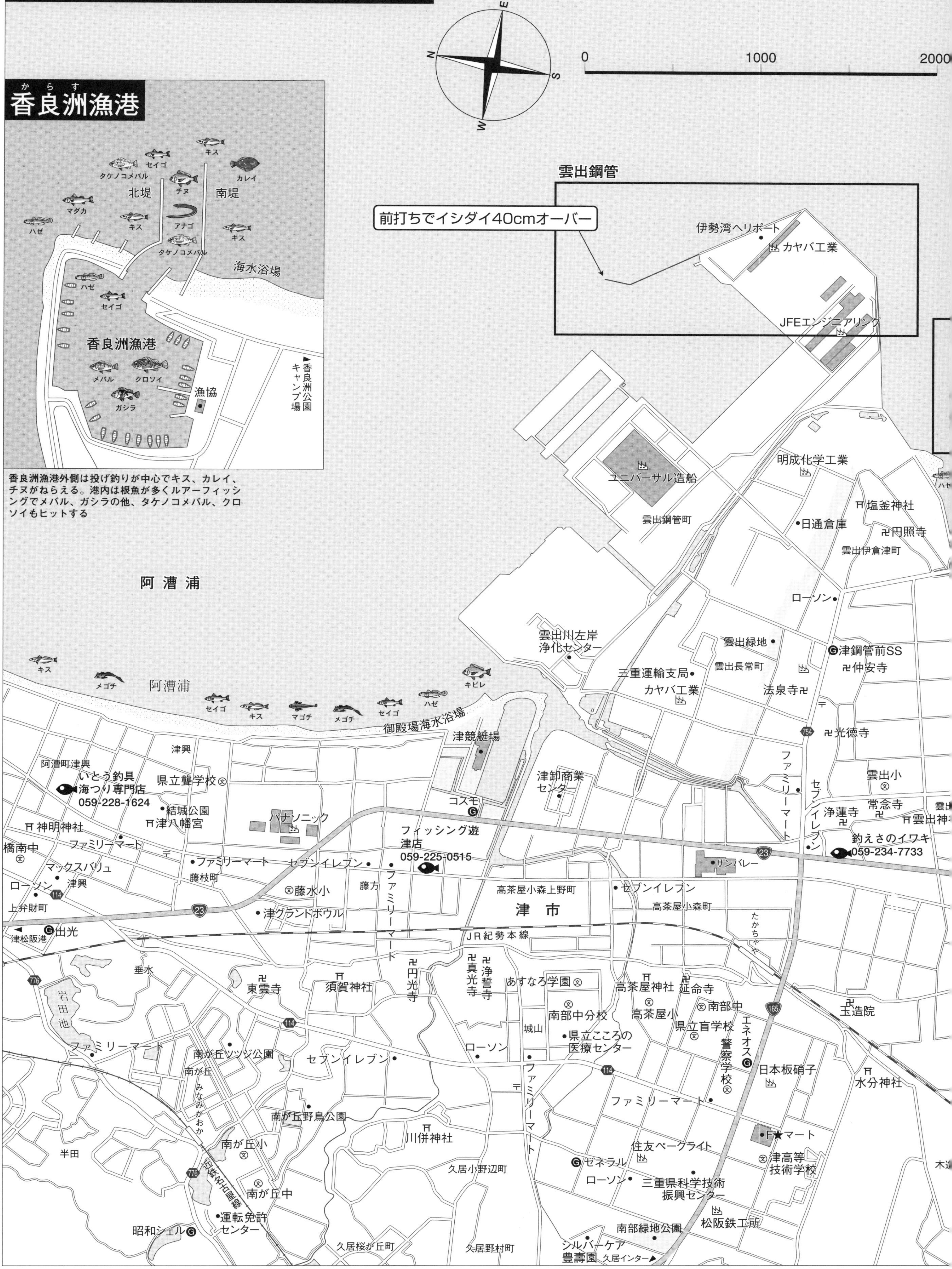
キス
セイゴ
タケノコメバル
カレイ
北堤
チヌ
南堤
マダカ
キス
アナゴ
キス
ハゼ
タケノコメバル
海水浴場
ハゼ
セイゴ
香良洲漁港
メバル
クロソイ
ガシラ
漁協
▲香良洲公園キャンプ場

香良洲漁港外側は投げ釣りが中心でキス、カレイ、チヌがねらえる。港内は根魚が多くルアーフィッシングでメバル、ガシラの他、タケノコメバル、クロソイもヒットする

N
E
S
W
0
1000
2000
雲出鋼管
前打ちでイシダイ40cmオーバー
伊勢湾ヘリポート
カヤバ工業
JFEエンジニアリング
ユニバーサル造船
明成化学工業
雲出鋼管町
塩釜神社
日通倉庫
円照寺
雲出伊倉津町
阿漕浦
ローソン
雲出川左岸
浄化センター
雲出緑地
津鋼管前SS
雲出長常町
仲安寺
三重運輸支局
カヤバ工業
法泉寺
キス
メゴチ
阿漕浦
キビレ
セイゴ
キス
マゴチ
メゴチ
セイゴ
ハゼ
御殿場海水浴場
光徳寺
津競艇場
津興
阿漕町津興
いとう釣具
海つり専門店
059-228-1624
県立聾学校
結城公園
津八幡宮
津卸商業
センター
コスモ
ファミリーマート
セブンイレブン
雲出小
浄蓮寺
常念寺
雲出神社
神明神社
パナソニック
フィッシング遊
津店
059-225-0515
釣えさのイワキ
059-234-7733
橋南中
ファミリーマート
ファミリーマート
セブンイレブン
サンバレー
マックスバリュ
藤枝町
ローソン
津興
藤水小
藤方
ファミリーマート
高茶屋小森上野町
セブンイレブン
高茶屋小森町
上弁財町
津グランドボウル
津市
たかちゃや
津松阪港
出光
JR紀勢本線
垂水
岩田池
東雲寺
須賀神社
円光寺
真光寺
浄誓寺
あすなろ学園
高茶屋神社
延命寺
南部中
玉造院
南部中分校
高茶屋小
県立盲学校
城山
ファミリーマート
県立こころの
医療センター
エネオス
警察学校
南が丘ツツジ公園
ローソン
セブンイレブン
日本板硝子
水分神社
南が丘
みなみがおか
ファミリーマート
ファミリーマート
南が丘野鳥公園
川併神社
南が丘小
F★マート
住友ベークライト
津高等
技術学校
半田
ゼネラル
久居小野辺町
南が丘中
ローソン
三重県科学技術
振興センター
近鉄名古屋線
運転免許
センター
松阪鉄工所
南部緑地公園
昭和シェル
久居桜が丘町
久居野村町
シルバーケア
豊壽園
久居インター▲
23
114
776
754
165

●改正SOLAS条約により、立ち入り禁止となっている埠頭などがあります（詳細はP64）

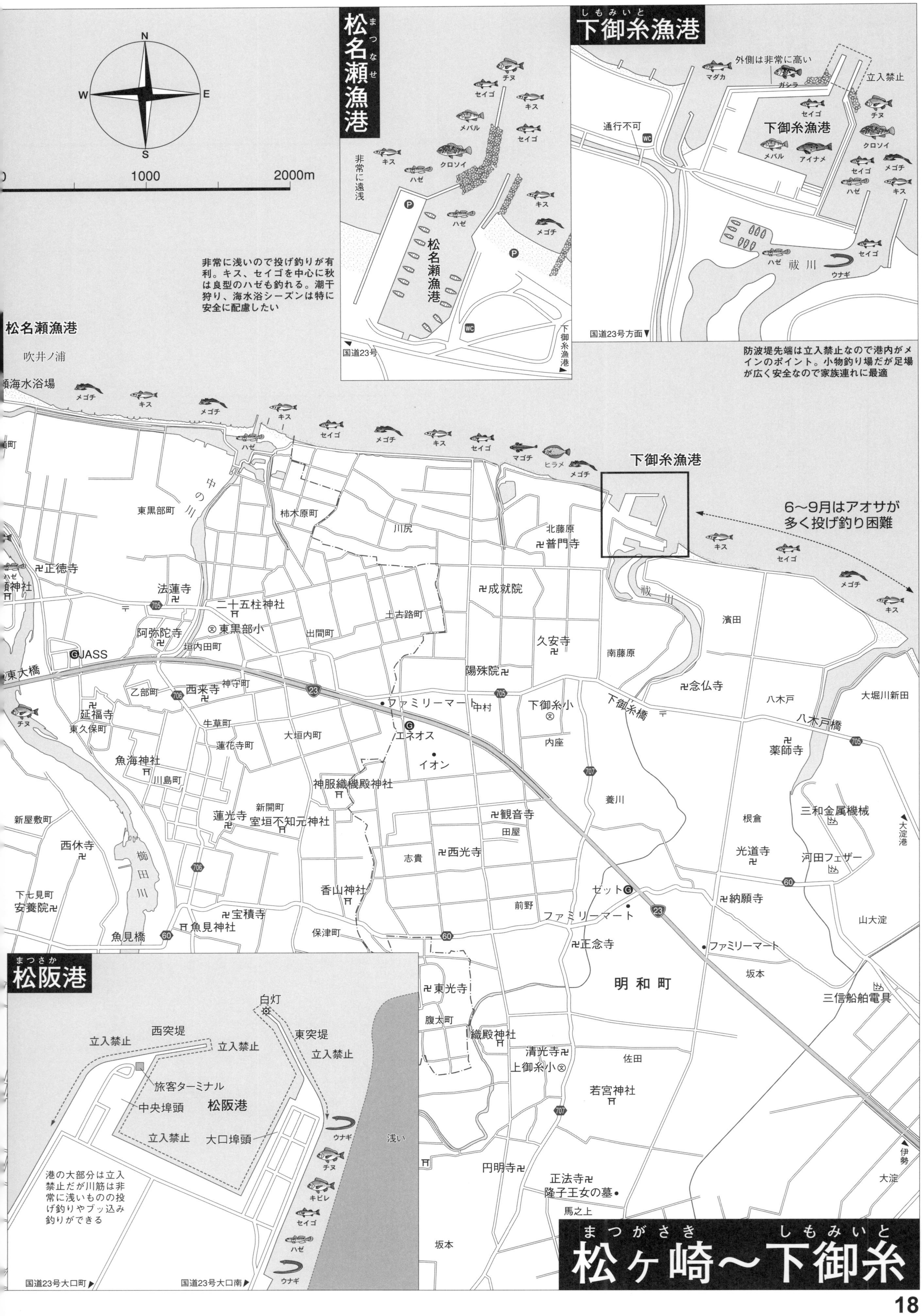
松名瀬《まつなせ》漁港
非常に遠浅
チヌ
セイゴ
キス
メバル
クロソイ
ハゼ
メゴチ
松名瀬漁港
国道23号
下御糸漁港
下御糸《しもみいと》漁港
外側は非常に高い
マダカ
ガシラ
立入禁止
セイゴ
チヌ
下御糸漁港
クロソイ
メバル
アイナメ
メゴチ
ハゼ
キス
通行不可
祓川
ウナギ
国道23号方面
防波堤先端は立入禁止なので港内がメインのポイント。小物釣り場だが足場が広く安全なので家族連れに最適
N
E
S
W
0
1000
2000m
非常に浅いので投げ釣りが有利。キス、セイゴを中心に秋は良型のハゼも釣れる。潮干狩り、海水浴シーズンは特に安全に配慮したい
松名瀬漁港
吹井ノ浦
瀬海水浴場
メゴチ
キス
メゴチ
キス
ハゼ
セイゴ
メゴチ
キス
セイゴ
マゴチ
ヒラメ
メゴチ
下御糸漁港
6～9月はアオサが多く投げ釣り困難
キス
セイゴ
メゴチ
キス
中の川
東黒部町
柿木原町
川尻
北藤原
普門寺
正徳寺
法蓮寺
二十五柱神社
成就院
祓川
濱田
土古路町
阿弥陀寺
東黒部小
出間町
垣内田町
久安寺
南藤原
JASS
東大橋
陽殊院
乙部町
西来寺
神守町
ファミリーマート
中村
下御糸小
下御糸橋
念仏寺
八木戸
大堀川新田
延福寺
東久保町
牛草町
エネオス
内座
八木戸橋
チヌ
蓮花寺町
大垣内町
イオン
薬師寺
魚海神社
川島町
神服織機殿神社
養川
三和金属機械
新屋敷町
蓮光寺
新開町
室垣不知元神社
観音寺
根倉
大淀港
西休寺
田屋
櫛田川
志貴
西光寺
光道寺
河田フェザー
下七見町
安養院
香山神社
ゼット
納願寺
前野
宝積寺
ファミリーマート
山大淀
魚見橋
魚見神社
保津町
正念寺
ファミリーマート
坂本
松阪《まつさか》港
白灯
東突堤
西突堤
立入禁止
立入禁止
立入禁止
旅客ターミナル
中央埠頭
松阪港
立入禁止
大口埠頭
ウナギ
浅い
チヌ
キビレ
セイゴ
ハゼ
ウナギ
港の大部分は立入禁止だが川筋は非常に浅いものの投げ釣りやブッ込み釣りができる
国道23号大口町
国道23号大口南
東光寺
明和町
三信船舶電具
腹太町
織殿神社
清光寺
佐田
上御糸小
若宮神社
伊勢
円明寺
正法寺
大淀
隆子王女の墓
馬之上
坂本
松ヶ崎《まつがさき》～下御糸《しもみいと》

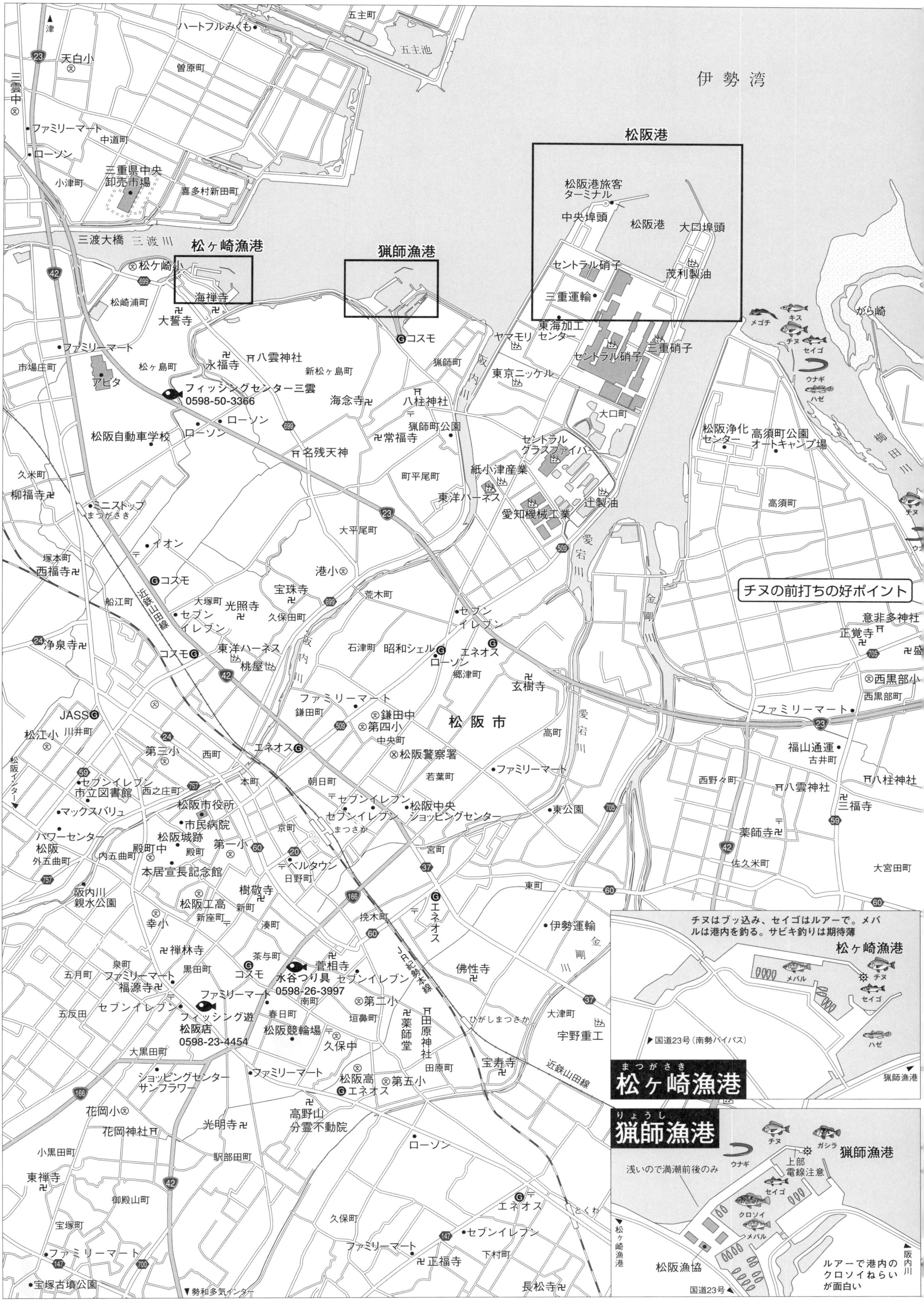

●改正SOLAS条約により、立ち入り禁止となっている埠頭などがあります（詳細はP64）

村松《むらまつ》漁港

アイナメ
チヌ
カレイ
メバル
チヌ
沈みテトラ
カレイ
アイナメ
キス
セイゴ
キス
メゴチ
メゴチ
キス
ハゼ
セイゴ
大淀漁港
有滝堤防
セイゴ
村松漁港
大淀東
国道23号

村松漁港はセイゴ釣りがグッドな釣り場。ブッ込みやルアー、夜は電気ウキ釣りで。投げ釣りではキス、メゴチ、カレイが期待できる

有滝《ありたき》堤防

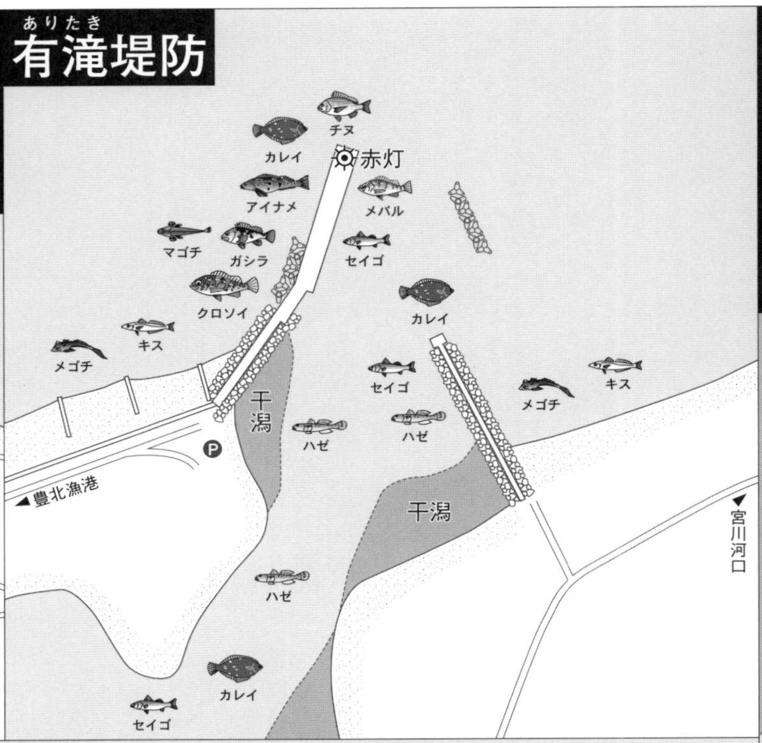

チヌ
カレイ
赤灯
アイナメ
メバル
マゴチ
ガシラ
セイゴ
クロソイ
カレイ
キス
メゴチ
干潟
セイゴ
ハゼ
ハゼ
メゴチ
キス
豊北漁港
干潟
宮川河口
ハゼ
カレイ
セイゴ

有滝堤防周辺は投げ釣りが面白い。キスは引き釣りで3ケタの釣果を出す人も。初冬のカレイもよく釣れる。潮干狩りシーズンは釣りでも入場料を徴収されることがある

宮川《みやがわ》河口右岸

浅い
導流堤
メッキ
メッキ
浅い
スズキ
チヌ
宇治山田港
宮川
セイゴ
階段
水門
ハゼ
セイゴ
水門
チヌ
ハゼ

宮川河口部は釣り場が広く、のんびりと釣りが楽しめる。浅いのでブッ込み釣りが有利。チヌ、セイゴ、ハゼがメインターゲット。晩秋には日中のルアー、夜の電気ウキ釣りでスズキクラスも釣れる。秋はルアーでメッキもOK

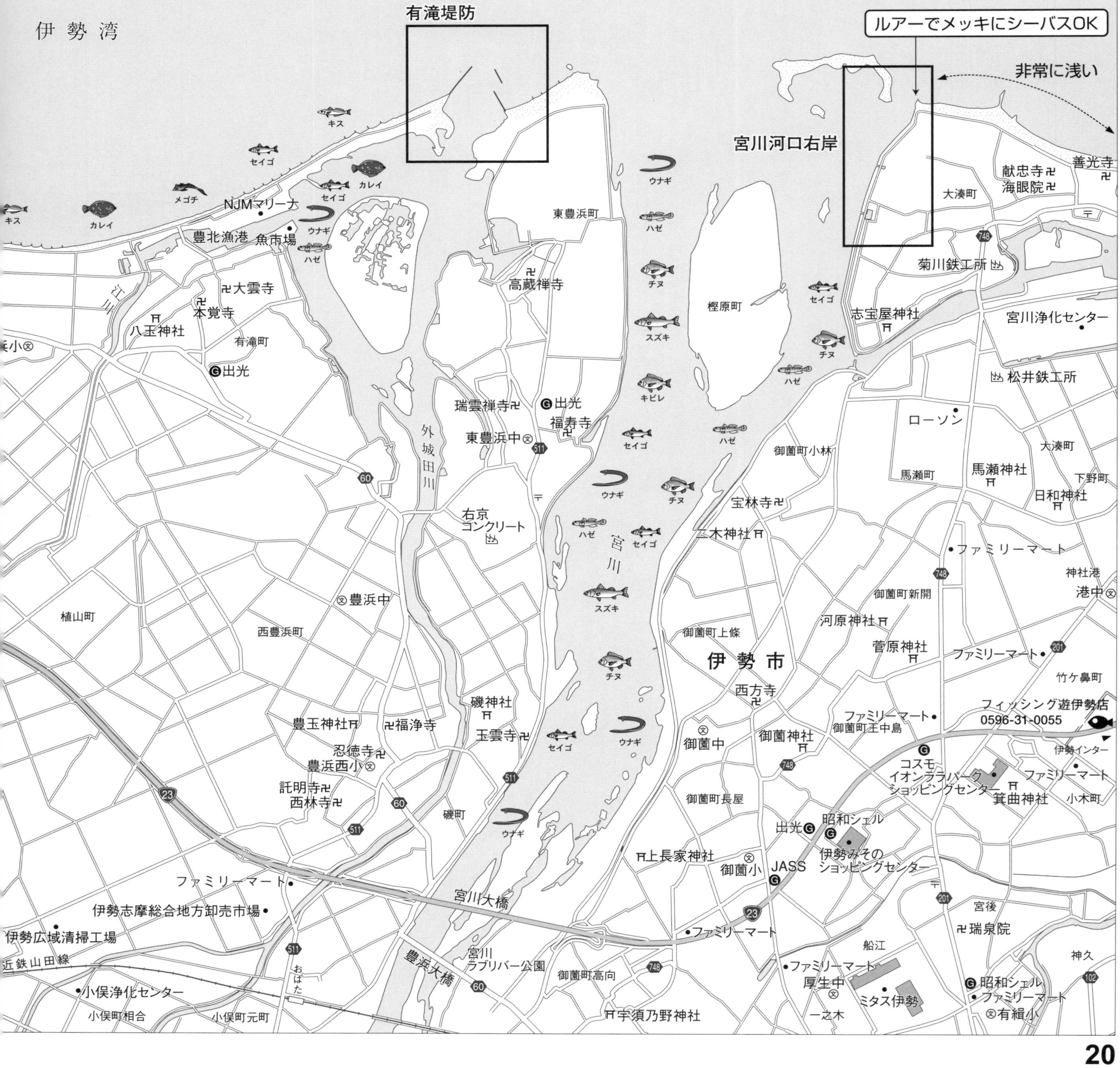

伊勢湾
有滝堤防
ルアーでメッキにシーバスOK
非常に浅い
宮川河口右岸
キス
セイゴ
カレイ
セイゴ
メゴチ
キス
カレイ
NJMマリーナ
ウナギ
豊北漁港
魚市場
ハゼ
ウナギ
東豊浜町
ハゼ
献忠寺
海眼院
善光寺
大湊町
菊川鉄工所
高蔵禅寺
チヌ
樫原町
セイゴ
志宝屋神社
宮川浄化センター
大雲寺
本覚寺
八王神社
有滝町
スズキ
チヌ
出光
キビレ
ハゼ
松井鉄工所
ローソン
瑞雲禅寺
出光
福寿寺
東豊浜中
セイゴ
ハゼ
御薗町小林
大湊町
馬瀬町
馬瀬神社
下野町
日和神社
外城田川
ウナギ
チヌ
宝林寺
右京コンクリート
ハゼ
セイゴ
三木神社
宮川
ファミリーマート
神社港
スズキ
豊浜中
御薗町新開
港中
植山町
西豊浜町
御薗町上條
河原神社
菅原神社
ファミリーマート
竹ケ鼻町
伊勢市
チヌ
西方寺
ファミリーマート
フィッシング遊伊勢店
0596-31-0055
磯神社
御薗町王中島
伊勢インター
豊玉神社
福浄寺
玉雲寺
セイゴ
ウナギ
御薗中
御薗神社
コスモ
忍徳寺
豊浜西小
イオンララパーク
ファミリーマート
ショッピングセンター
箕曲神社
小木町
託明寺
西林寺
磯町
御薗町長屋
ウナギ
出光
昭和シェル
伊勢みその
ショッピングセンター
上長家神社
御薗小
JASS
ファミリーマート
宮川大橋
宮後
伊勢志摩総合地方卸売市場
伊勢広域清掃工場
ファミリーマート
瑞泉院
近鉄山田線
おばた
宮川ラブリバー公園
船江
神久
小俣浄化センター
豊浜大橋
御薗町高向
ファミリーマート
厚生中
ミタス伊勢
昭和シェル
ファミリーマート
有緝小
小俣町相合
小俣町元町
宇須乃野神社
一之木

大淀《おいず》～宮川《みやがわ》河口

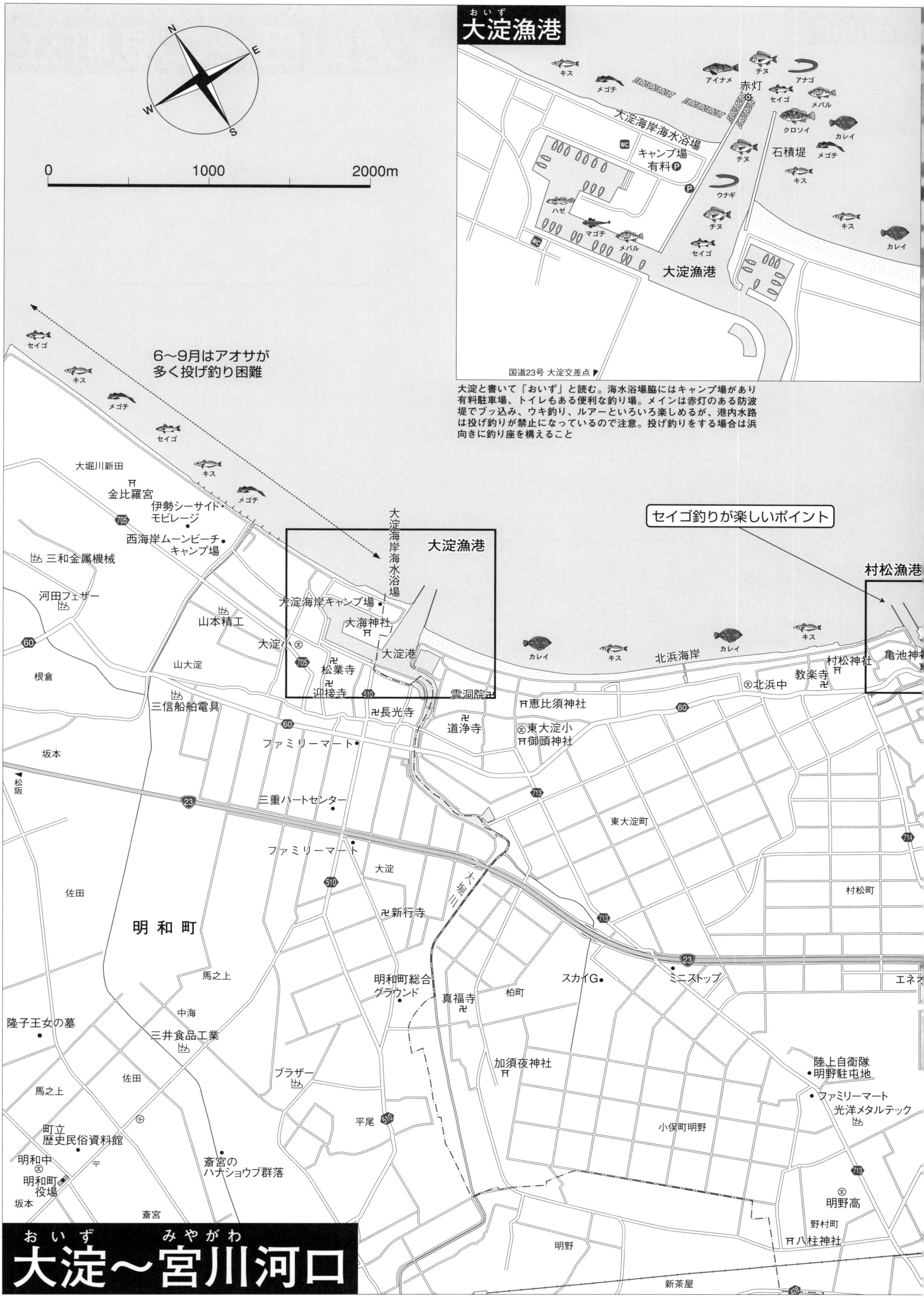

大淀《おいず》漁港
N
E
S
W
0
1000
2000m
キス
メゴチ
アイナメ
チヌ
アナゴ
赤灯
セイゴ
メバル
大淀海岸海水浴場
クロソイ
カレイ
キャンプ場
有料
石積堤
ウナギ
ハゼ
マゴチ
大淀漁港
国道23号 大淀交差点
セイゴ
6～9月はアオサが
多く投げ釣り困難
大堀川新田
金比羅宮
伊勢シーサイド・
モビレージ
西海岸ムーンビーチ・
キャンプ場
三和金属機械
河田フェザー
山本精工
大淀小
山大淀
根倉
三信船舶電具
坂本
松阪
大淀海岸海水浴場
大淀漁港
大淀海岸キャンプ場
大海神社
大淀港
松業寺
迎接寺
雲洞院
長光寺
ファミリーマート
三重ハートセンター
ファミリーマート
大淀
新行寺
佐田
明和町
馬之上
中海
隆子王女の墓
三井食品工業
佐田
馬之上
町立
歴史民俗資料館
明和中
明和町
役場
坂本
斎宮の
ハナショウブ群落
斎宮
プラザー
平尾
明和町総合
グラウンド
真福寺
柏町
加須夜神社
大堀川
セイゴ釣りが楽しいポイント
村松漁港
北浜海岸
村松神社
亀池神社
北浜中
教楽寺
恵比須神社
道浄寺
東大淀小
御頭神社
東大淀町
村松町
スカイG
ミニストップ
エネ
陸上自衛隊
明野駐屯地
ファミリーマート
光洋メタルテック
小俣町明野
明野高
野村町
八柱神社
明野
新茶屋
23
60
705
510
713
714

大淀と書いて「おいず」と読む。海水浴場脇にはキャンプ場があり有料駐車場、トイレもある便利な釣り場。メインは赤灯のある防波堤でブッ込み、ウキ釣り、ルアーといろいろ楽しめるが、港内水路は投げ釣りが禁止になっているので注意。投げ釣りをする場合は浜向きに釣り座を構えること

宇治山田《うじやまだ》～二見町江《ふたみちょうえ》

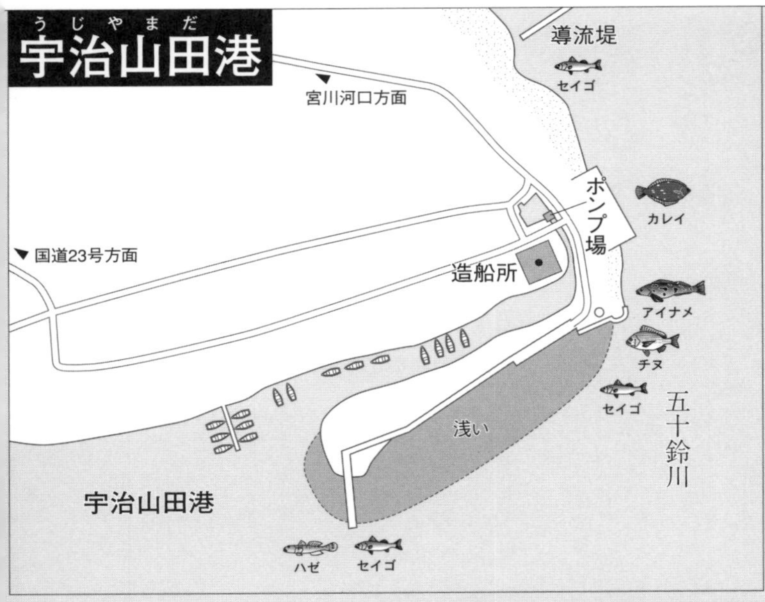
宇治山田港《うじやまだ》
導流堤
セイゴ
宮川河口方面
ポンプ場
カレイ
▼国道23号方面
造船所
アイナメ
チヌ
セイゴ
五十鈴川
浅い
宇治山田港
ハゼ
セイゴ

砂の堆積が多く非常に浅い五十鈴川の河口部にある宇治山田港ではミオ筋ねらいが正解。投げ釣りやブッ込みの仕掛けでカレイ、セイゴ、ハゼをねらう

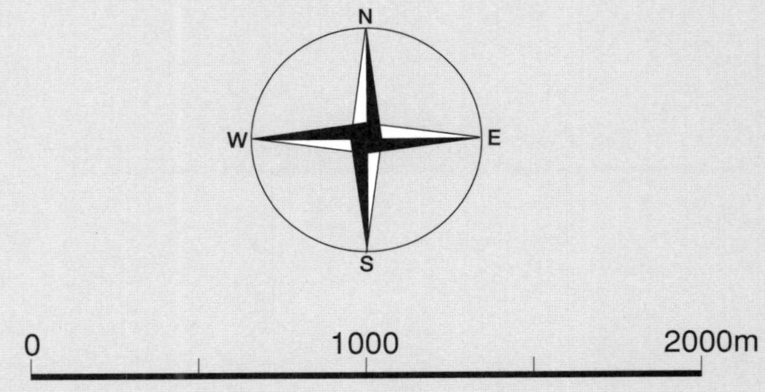
N
W
E
S
0
1000
2000m

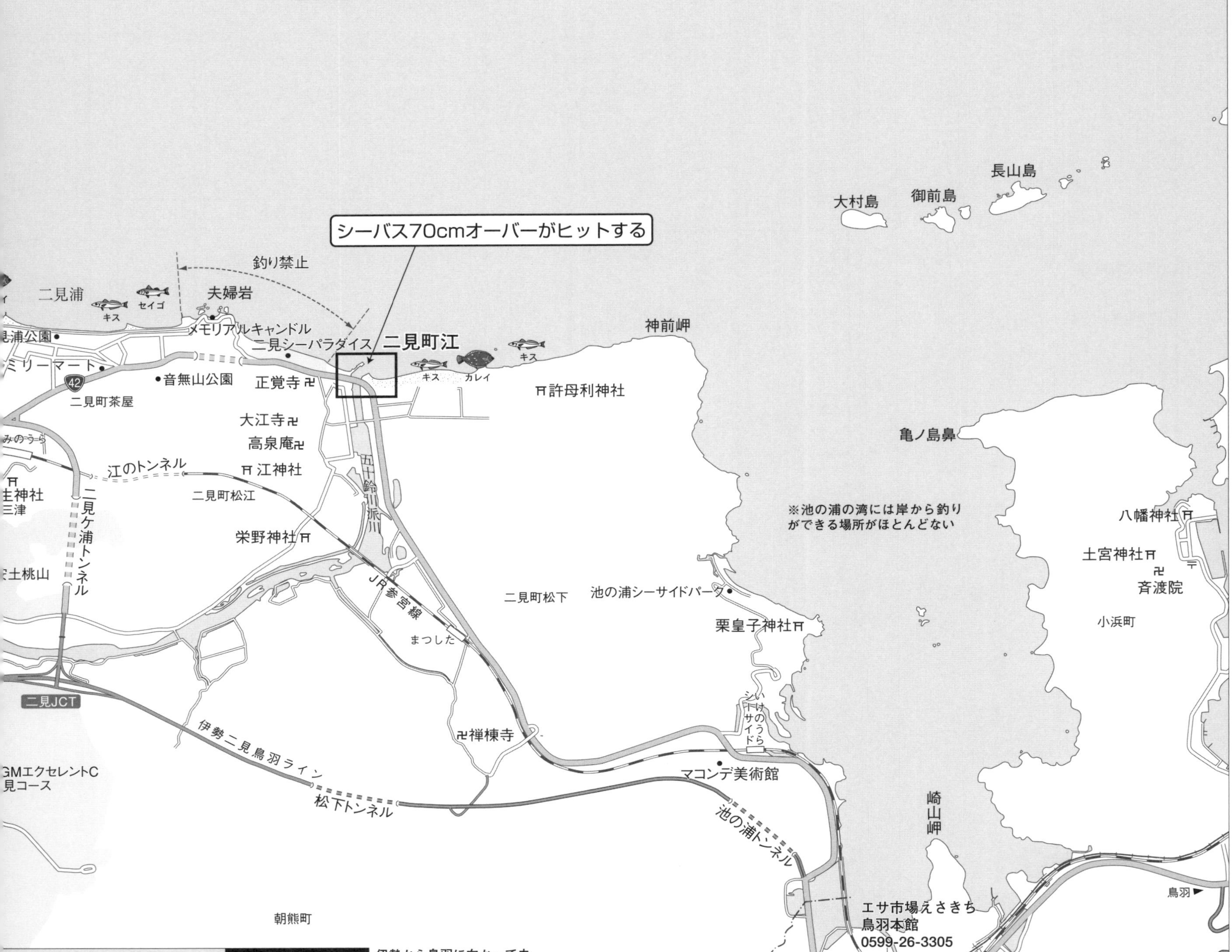
シーバス70cmオーバーがヒットする
釣り禁止
二見浦
キス
セイゴ
夫婦岩
メモリアルキャンドル
二見浦公園
二見シーパラダイス
二見町江
キス
カレイ
キス
神前岬
ファミリーマート
音無山公園
正覚寺
許母利神社
二見町茶屋
大江寺
高泉庵
亀ノ島鼻
江のトンネル
江神社
五十鈴派川
二見ケ浦トンネル
二見町松江
栄野神社
※池の浦の湾には岸から釣りができる場所がほとんどない
八幡神社
土宮神社
斉渡院
JR参宮線
二見町松下
池の浦シーサイドパーク
栗皇子神社
小浜町
まつした
二見JCT
いけのうらシーサイド
伊勢二見鳥羽ライン
禅棟寺
マコンデ美術館
松下トンネル
池の浦トンネル
崎山岬
大村島
御前島
長山島
鳥羽
エサ市場えさきち
鳥羽本館
0599-26-3305
鳥羽商船高専
池上公園
朝熊町
ファミリーマート
セブンイレブン
観音寺
堅神神社
源五郎地蔵尊
池上町
屋内町
玉泉寺
いけのうら
遍照院
鳥羽市
堅神町
近鉄鳥羽線
伊勢志摩スカイライン
鳥羽町
樋ノ山
伊勢

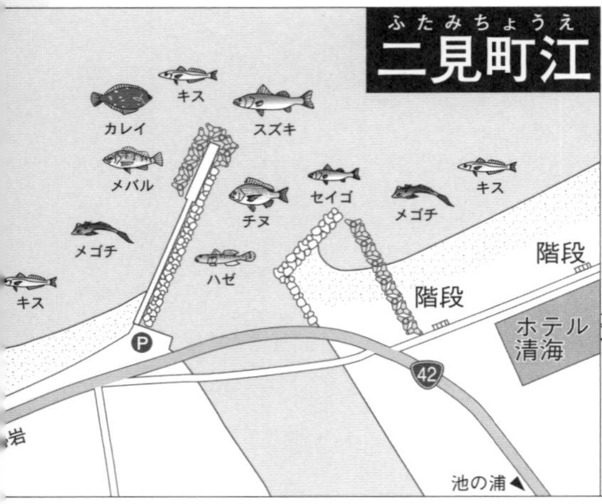
二見町江《ふたみちょうえ》
キス
カレイ
スズキ
メバル
チヌ
セイゴ
メゴチ
キス
メゴチ
ハゼ
キス
階段
階段
ホテル清海
池の浦

伊勢から鳥羽に向かって夫婦岩、二見シーパラダイスを越えて河口で国道が大きく南へカーブするところに小さな防波堤がある。非常に小場所だがルアーのシーバスは70cmオーバーが期待できるところ。投げ釣りのキスも面白い

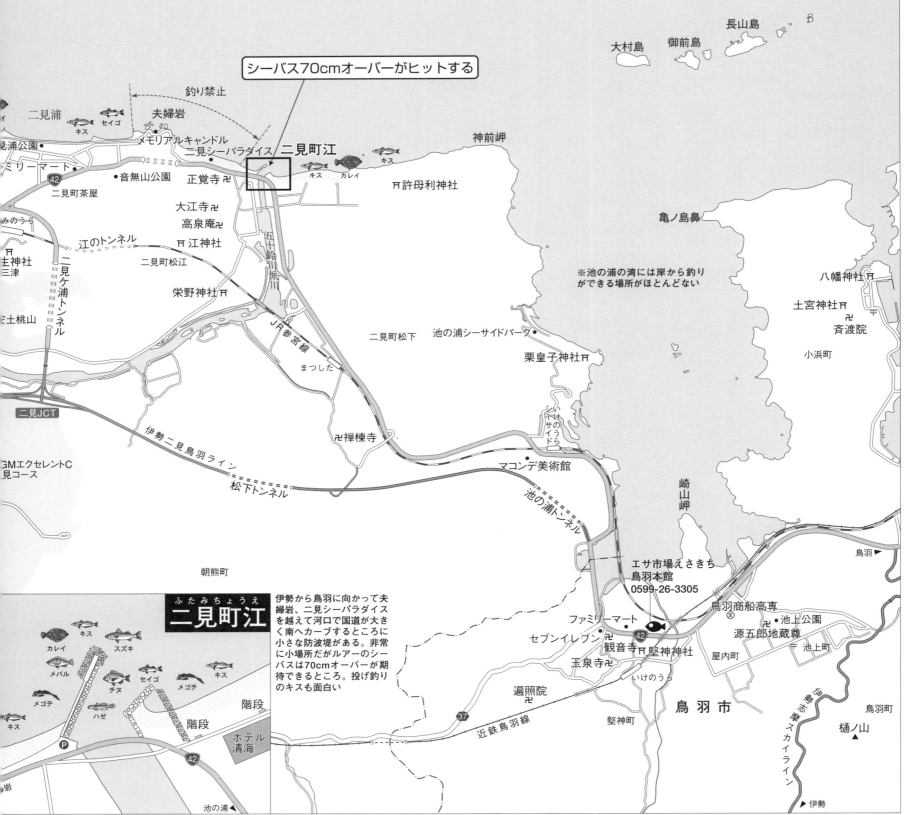

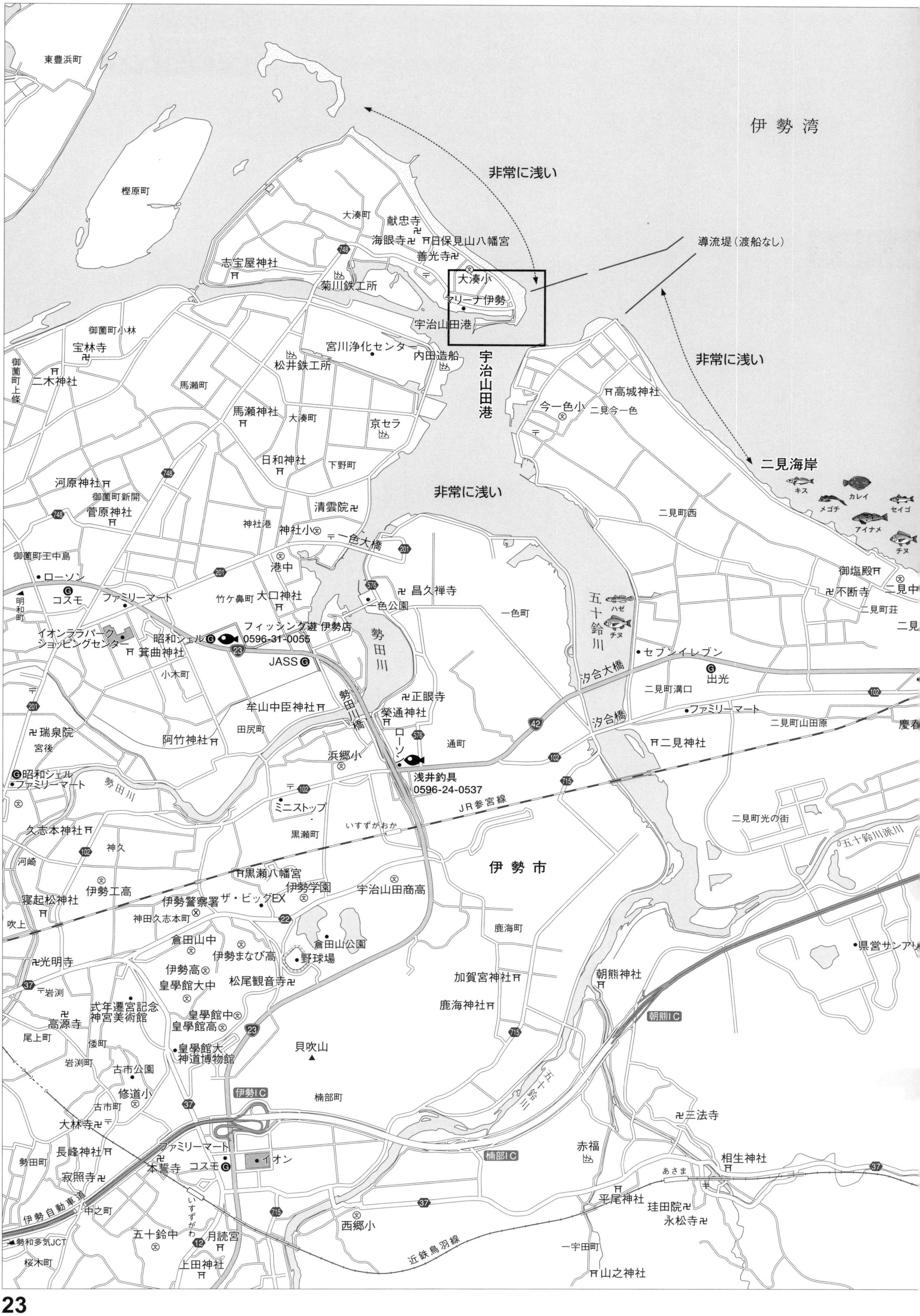
伊勢湾
東豊浜町
樫原町
非常に浅い
大湊町
献忠寺
海眼寺
日保見山八幡宮
善光寺
導流堤（渡船なし）
志宝屋神社
菊川鉄工所
大湊小
マリーナ伊勢
宇治山田港
宮川浄化センター
内田造船
松井鉄工所
宇治山田港
非常に浅い
御薗町小林
宝林寺
御薗町上條
二木神社
馬瀬町
馬瀬神社
大湊町
京セラ
高城神社
今一色小
二見今一色
日和神社
下野町
二見海岸
キス
カレイ
メゴチ
セイゴ
アイナメ
チヌ
河原神社
御薗町新開
非常に浅い
菅原神社
清雲院
二見町西
神社港
神社小
一色大橋
御薗町王中島
港中
御塩殿
ローソン
コスモ
ファミリーマート
昌久禅寺
一色公園
不断寺
二見中
明和町
竹ケ鼻町
大口神社
一色町
五十鈴川
ハゼ
チヌ
二見町荘
二見
イオンララパーク
ショッピングセンター
昭和シェル
フィッシング遊 伊勢店
0596-31-0055
勢田川
箕曲神社
JASS
セブンイレブン
汐合大橋
出光
小木町
二見町溝口
正眼寺
牟山中臣神社
勢田川橋
榮通神社
汐合橋
ファミリーマート
二見町山田原
慶春
瑞泉院
田尻町
阿竹神社
ローソン
通町
二見神社
宮後
浜郷小
浅井釣具
0596-24-0537
昭和シェル
ファミリーマート
勢田川
ミニストップ
JR参宮線
二見町光の街
五十鈴川派川
久志本神社
いすずがおか
黒瀬町
神久
河崎
黒瀬八幡宮
伊勢市
寝起松神社
伊勢工高
伊勢学園
宇治山田商高
伊勢警察署
ザ・ビッグEX
吹上
神田久志本町
鹿海町
倉田山中
倉田山公園
県営サンアリ
光明寺
伊勢まなび高
野球場
伊勢高
松尾観音寺
加賀宮神社
朝熊神社
岩渕
皇學館大中
式年遷宮記念
神宮美術館
皇學館中
鹿海神社
朝熊IC
高源寺
皇學館高
尾上町
倭町
貝吹山
皇學館大
神道博物館
岩渕町
古市公園
五十鈴川
修道小
伊勢IC
楠部町
古市町
大林寺
三法寺
ファミリーマート
赤福
長峰神社
楠部IC
相生神社
勢田町
本誓寺
コスモ
イオン
寂照寺
あさま
平尾神社
伊勢自動車道
中之町
いすずがわ
珪田院
永松寺
西郷小
勢和多気JCT
五十鈴中
月読宮
近鉄鳥羽線
桜木町
一宇田町
上田神社
山之神社

答志島《とうしじま》周辺

答志新港へは南側の答志漁港から徒歩でアクセス。白灯先端は冬場、メバル釣り場として注目されているポイント。港内は投げ釣り禁止

和具漁港へは佐田浜、中之郷から市営定期船で約30分。メインのポイントは赤灯のある防波堤で先端部から投げ釣りで良型のアイナメやカレイがねらえる。夏から秋はアジの回遊がよくある。港内の投げ釣りは禁止

菅島の菅島漁港へは佐田浜、中之郷から市営定期船で約20分。エギングでアオリイカやコウイカ（スミイカ）がねらえる。前打ち、落とし込みのチヌも面白い。全体に根魚も多いので探り釣りやソフトルアーの釣りも楽しい。港の中にできた人工島は足場がよく釣りやすいが冬季は季節風がまともに当たる

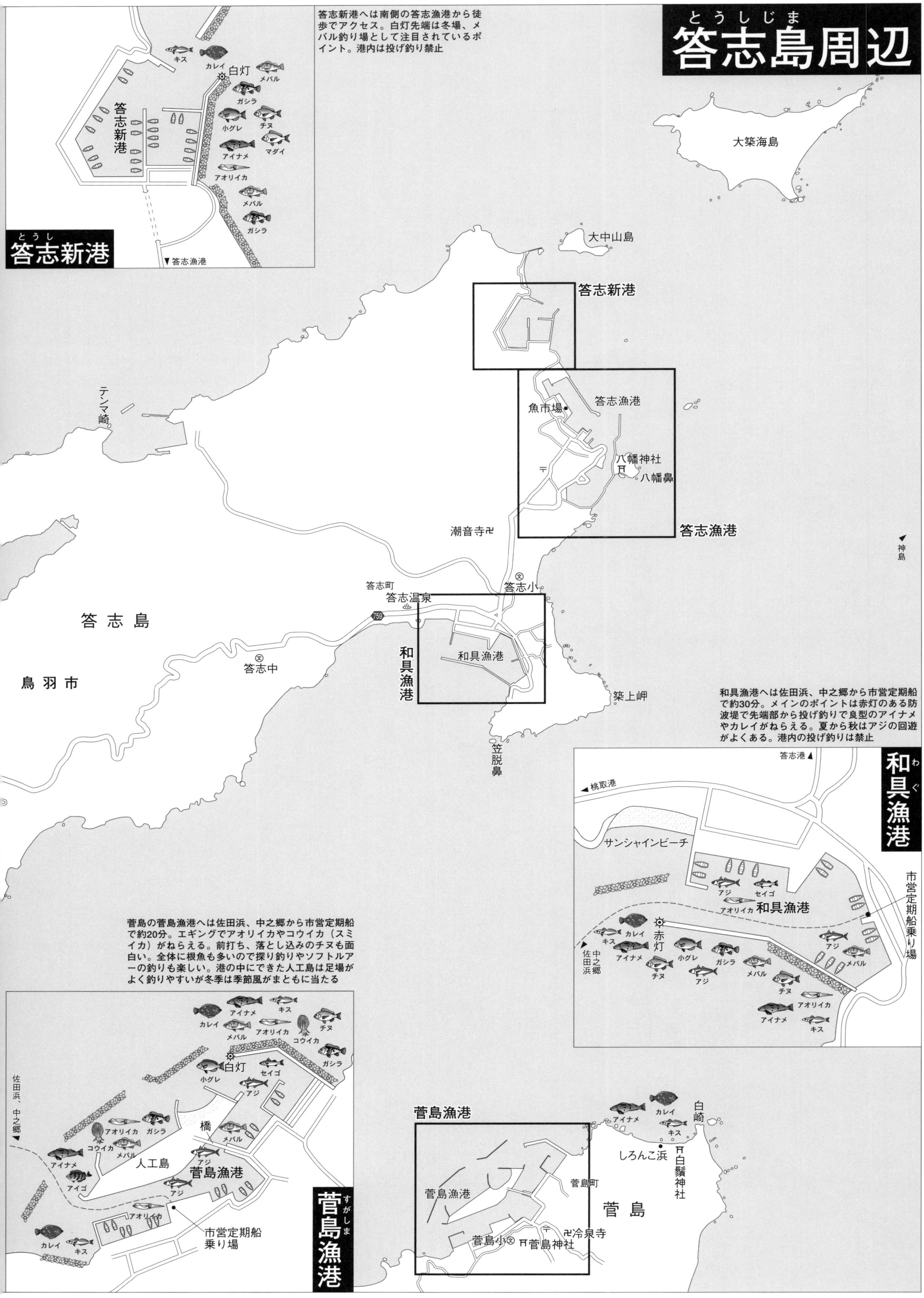

答志《とうし》新港
キス
カレイ
白灯
メバル
ガシラ
小グレ
チヌ
アイナメ
マダイ
アオリイカ
メバル
ガシラ
答志新港
▼答志漁港
大築海島
大中山島
答志新港
答志漁港
魚市場
八幡神社
八幡鼻
潮音寺
答志漁港
◀神島
テンマ崎
答志町
答志温泉
答志小
759
答志島
和具漁港
和具漁港
答志中
鳥羽市
築上岬
笠脱鼻
菅島漁港
菅島漁港
菅島町
菅島
菅島小
菅島神社
冷泉寺
しろんこ浜
白鬚神社
白崎
アイナメ
カレイ
キス
和《わ》具《ぐ》漁港
答志港▲
◀桃取港
サンシャインビーチ
アジ
セイゴ
アオリイカ
和具漁港
カレイ
キス
アイナメ
赤灯
チヌ
小グレ
アジ
ガシラ
メバル
◀佐田浜 中之郷
アジ
メバル
チヌ
アオリイカ
アイナメ
キス
市営定期船乗り場
アイナメ
キス
カレイ
チヌ
メバル
アオリイカ
コウイカ
ガシラ
白灯
小グレ
セイゴ
アジ
佐田浜、中之郷◀
アオリイカ
ガシラ
コウイカ
メバル
橋
メバル
アジ
人工島
菅島漁港
アイナメ
アイゴ
アジ
アオリイカ
カレイ
キス
市営定期船乗り場
菅《すが》島《しま》漁港

桃取《ももとり》港

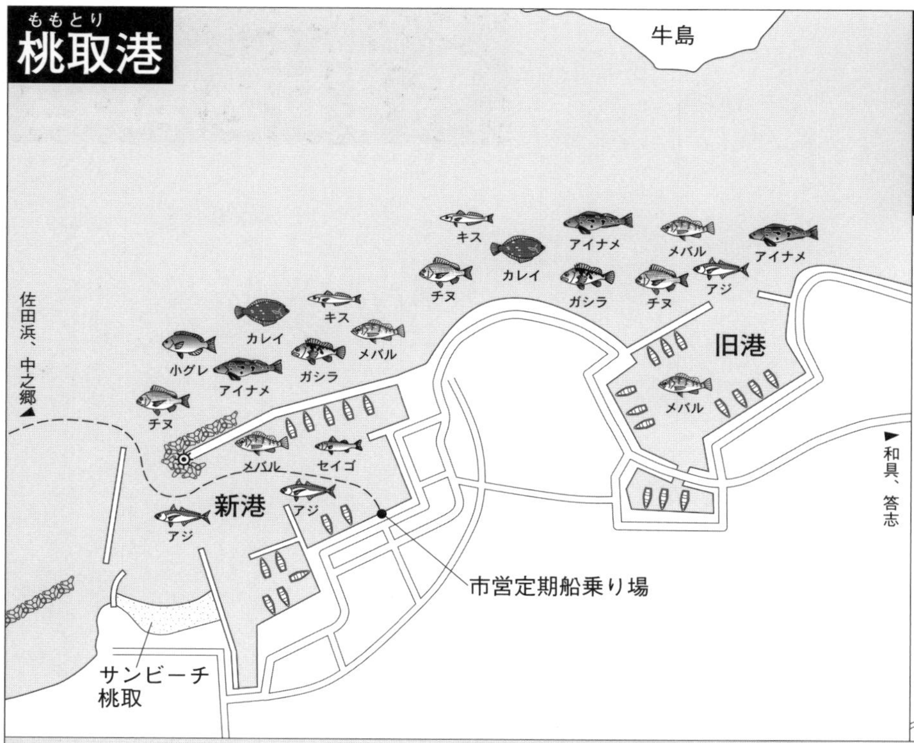
牛島
キス
アイナメ
メバル
アイナメ
カレイ
チヌ
ガシラ
チヌ
アジ
カレイ
キス
メバル
小グレ
アイナメ
ガシラ
チヌ
旧港
メバル
佐田浜、中之郷
メバル
セイゴ
新港
アジ
アジ
和具、答志
市営定期船乗り場
サンビーチ
桃取

答志《とうし》漁港

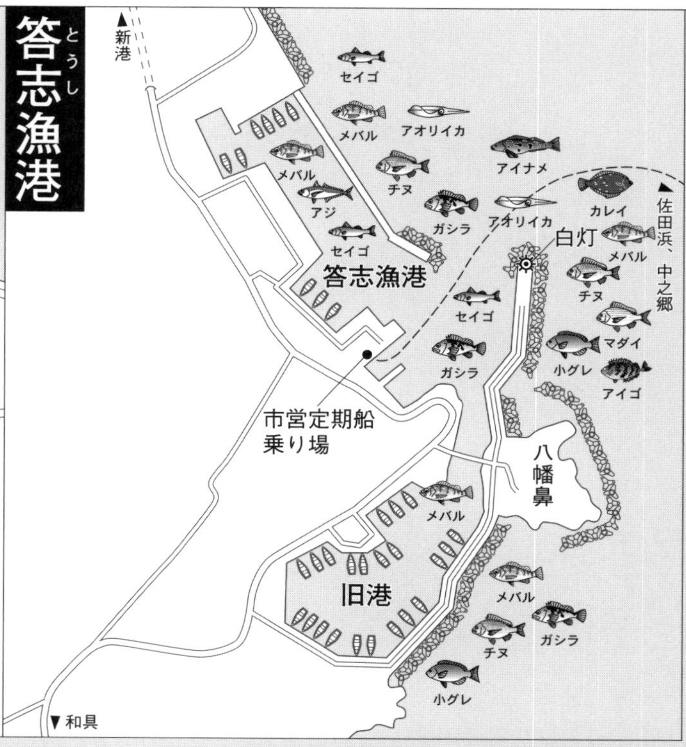
新港
セイゴ
メバル
アオリイカ
アイナメ
メバル
チヌ
カレイ
アジ
ガシラ
アオリイカ
佐田浜、中之郷
セイゴ
白灯
メバル
答志漁港
チヌ
セイゴ
マダイ
ガシラ
小グレ
アイゴ
市営定期船
乗り場
八幡鼻
メバル
旧港
メバル
ガシラ
チヌ
小グレ
和具

桃取港へは佐田浜、中之郷から市営定期船で約15分。古くから投げ釣りのポイントとして有名なところで良型のカレイ、アイナメ、キスが釣れる。ただし潮が速いのでベテラン向き。港内はアジやメバル、セイゴが手軽にねらえる

答志漁港へは佐田浜、中之郷から市営定期船で約40分。伊勢湾の入口にあたり太平洋の影響も受けるのでマダイやグレ、アイゴなど磯の魚も釣れる。アオリイカのエギングやメバリングも面白い

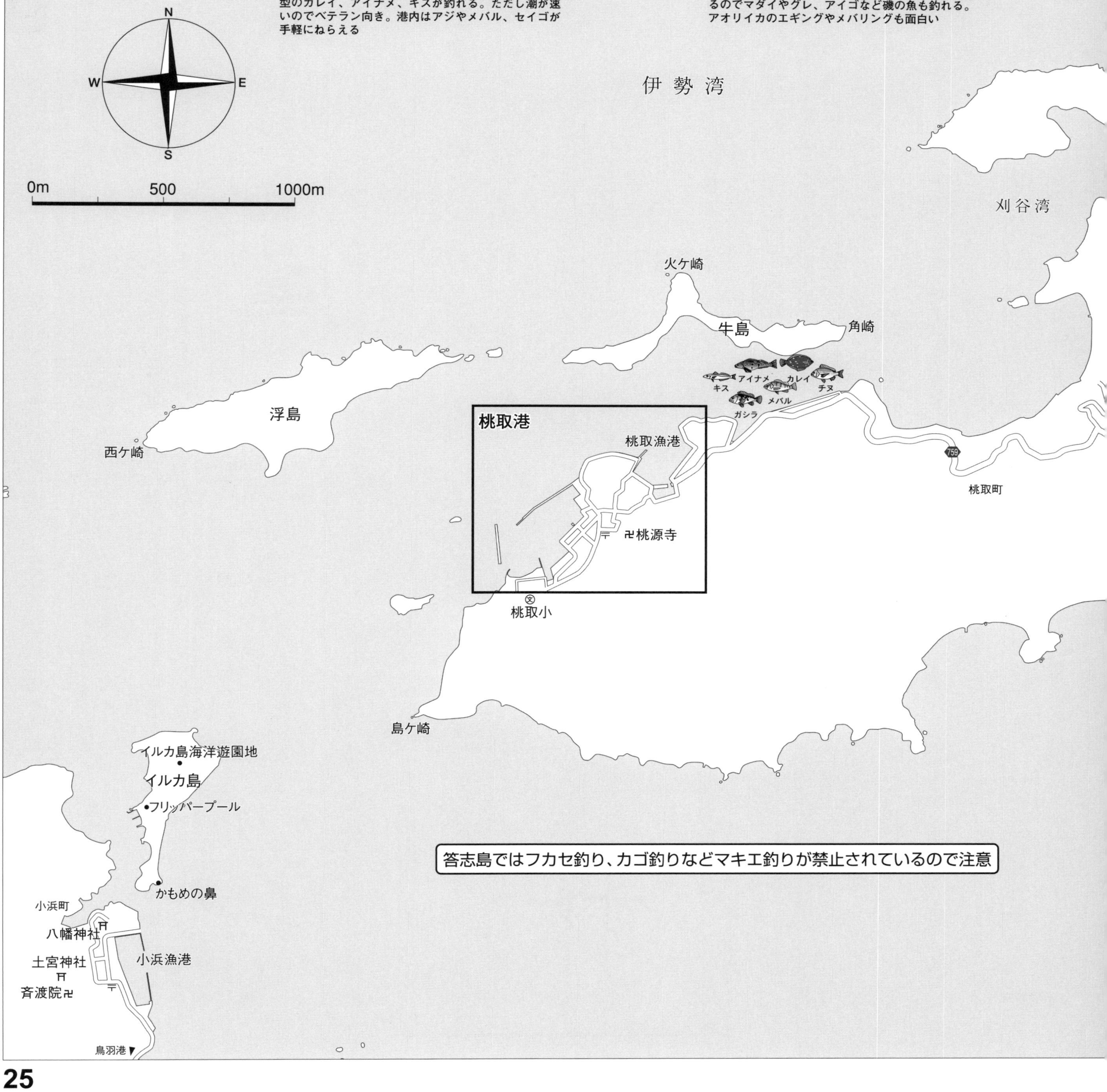
N
W
E
S
0m
500
1000m
伊勢湾
刈谷湾
火ケ崎
牛島
角崎
アイナメ
カレイ
キス
チヌ
メバル
ガシラ
浮島
西ケ崎
桃取港
桃取漁港
桃源寺
759
桃取町
桃取小
島ケ崎
イルカ島海洋遊園地
イルカ島
フリッパープール
かもめの鼻
小浜町
八幡神社
小浜漁港
土宮神社
斉渡院
鳥羽港

答志島ではフカセ釣り、カゴ釣りなどマキエ釣りが禁止されているので注意

鳥《と》羽《ば》港周辺

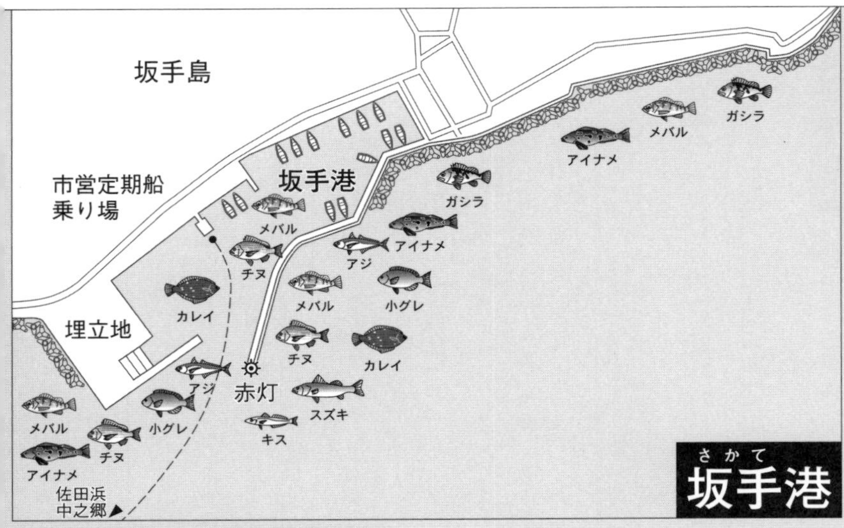

坂手島
市営定期船
乗り場
坂手港
埋立地
赤灯
ガシラ
メバル
アイナメ
ガシラ
アイナメ
メバル
アジ
チヌ
メバル
小グレ
カレイ
チヌ
カレイ
アジ
スズキ
キス
小グレ
メバル
チヌ
アイナメ
佐田浜
中之郷
坂《さか》手《て》港

佐田浜、中之郷から市営定期船で約10分。赤灯の防波堤はチヌの好ポイントでウキ釣りから投げ釣りまで、いろいろな釣り方で楽しめる。根魚も多くメバリングファンにも人気がある。投げ釣りのカレイも面白く秋の早い時期に港内で良型が釣れることがある。なお島の民宿や旅館の宿泊客以外は夜釣り禁止、日中も釣り禁止の場所があるので注意

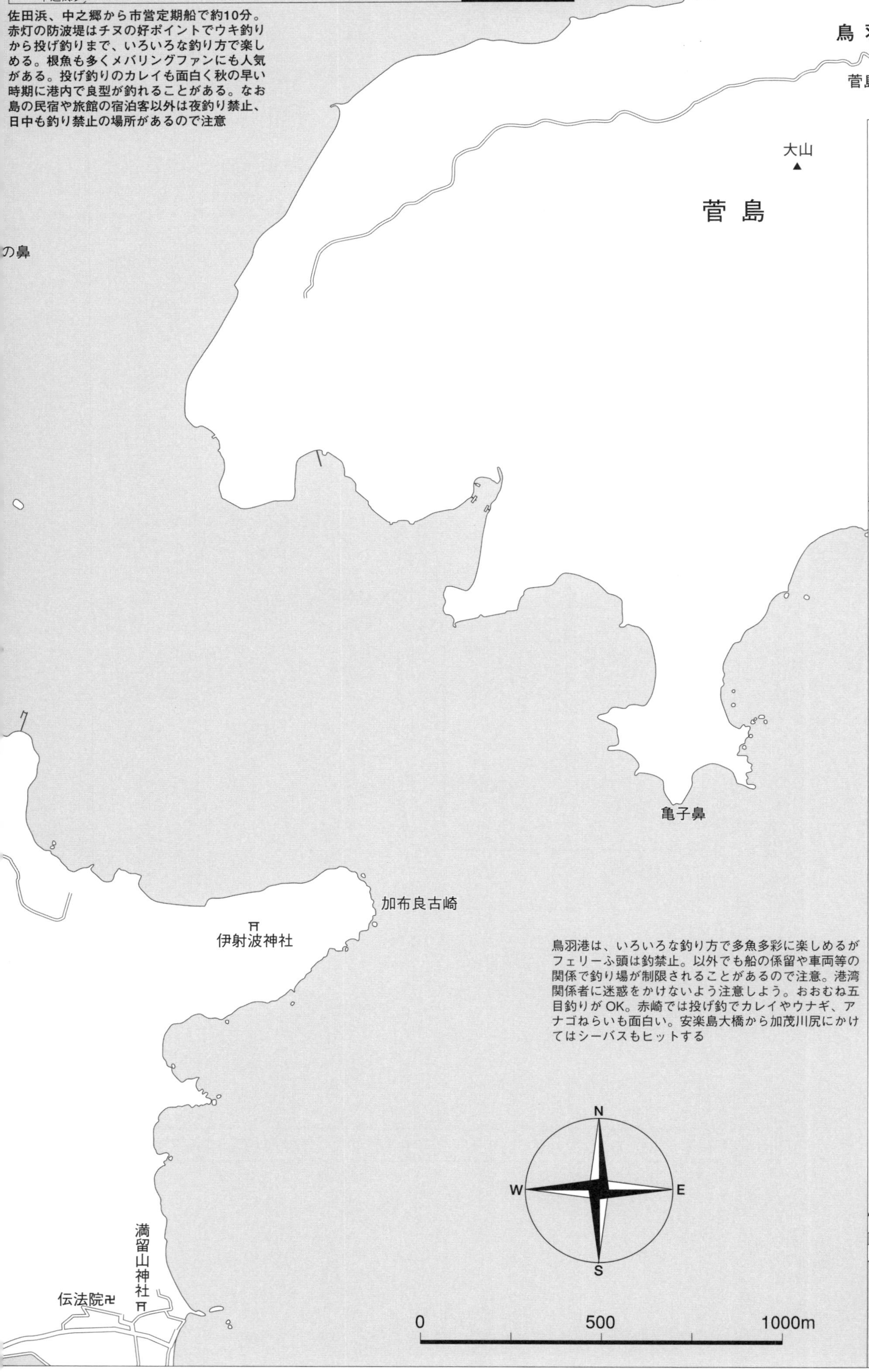

菅島漁港
菅島小
菅島神社
鳥羽市
菅島町
大山
菅島
の鼻
亀子鼻
加布良古崎
伊射波神社
満留山神社
伝法院
N
W
E
S
0
500
1000m

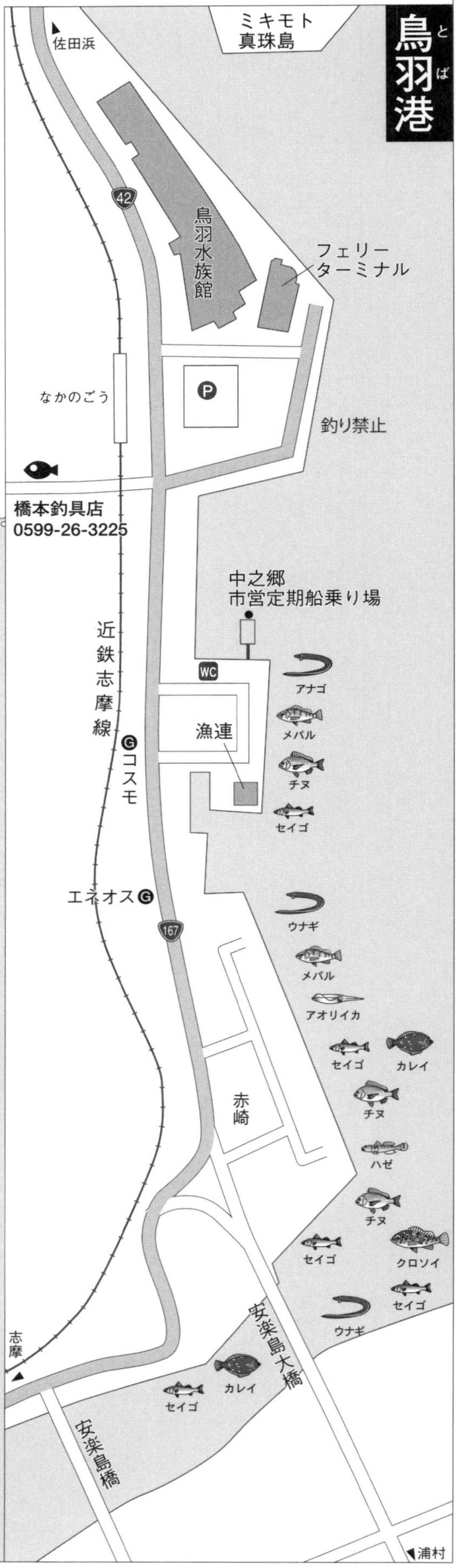

鳥《と》羽《ば》港
ミキモト
真珠島
佐田浜
42
鳥羽水族館
フェリー
ターミナル
なかのごう
P
釣り禁止
橋本釣具店
0599-26-3225
中之郷
市営定期船乗り場
WC
漁連
近鉄志摩線
コスモ
エネオス
167
赤崎
アナゴ
メバル
チヌ
セイゴ
ウナギ
メバル
アオリイカ
セイゴ
カレイ
チヌ
ハゼ
チヌ
セイゴ
クロソイ
セイゴ
ウナギ
カレイ
セイゴ
安楽島大橋
安楽島橋
志摩
浦村

鳥羽港は、いろいろな釣り方で多魚多彩に楽しめるがフェリーふ頭は釣禁止。以外でも船の係留や車両等の関係で釣り場が制限されることがあるので注意。港湾関係者に迷惑をかけないよう注意しよう。おおむね五目釣りが OK。赤崎では投げ釣でカレイやウナギ、アナゴねらいも面白い。安楽島大橋から加茂川尻にかけてはシーバスもヒットする

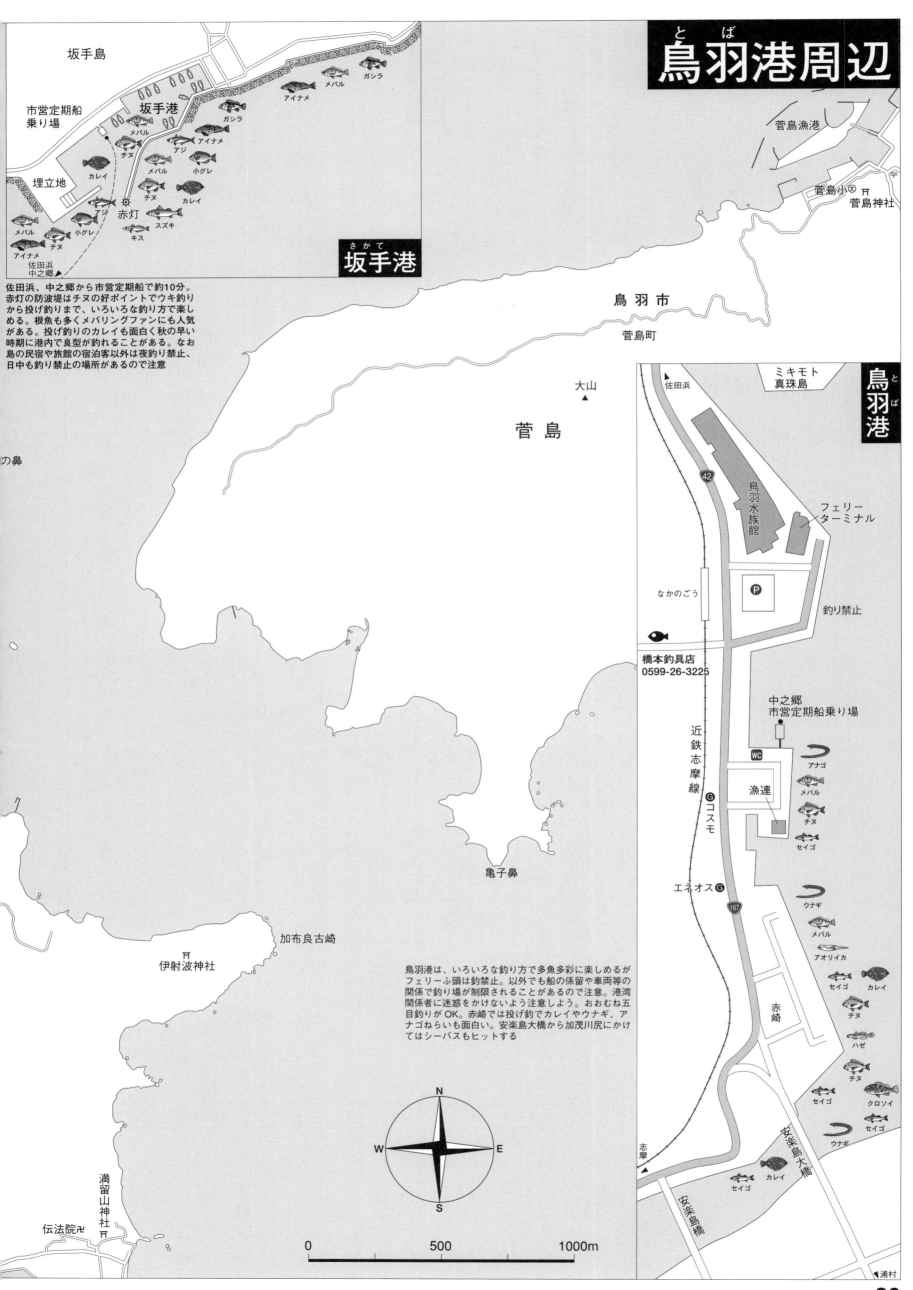

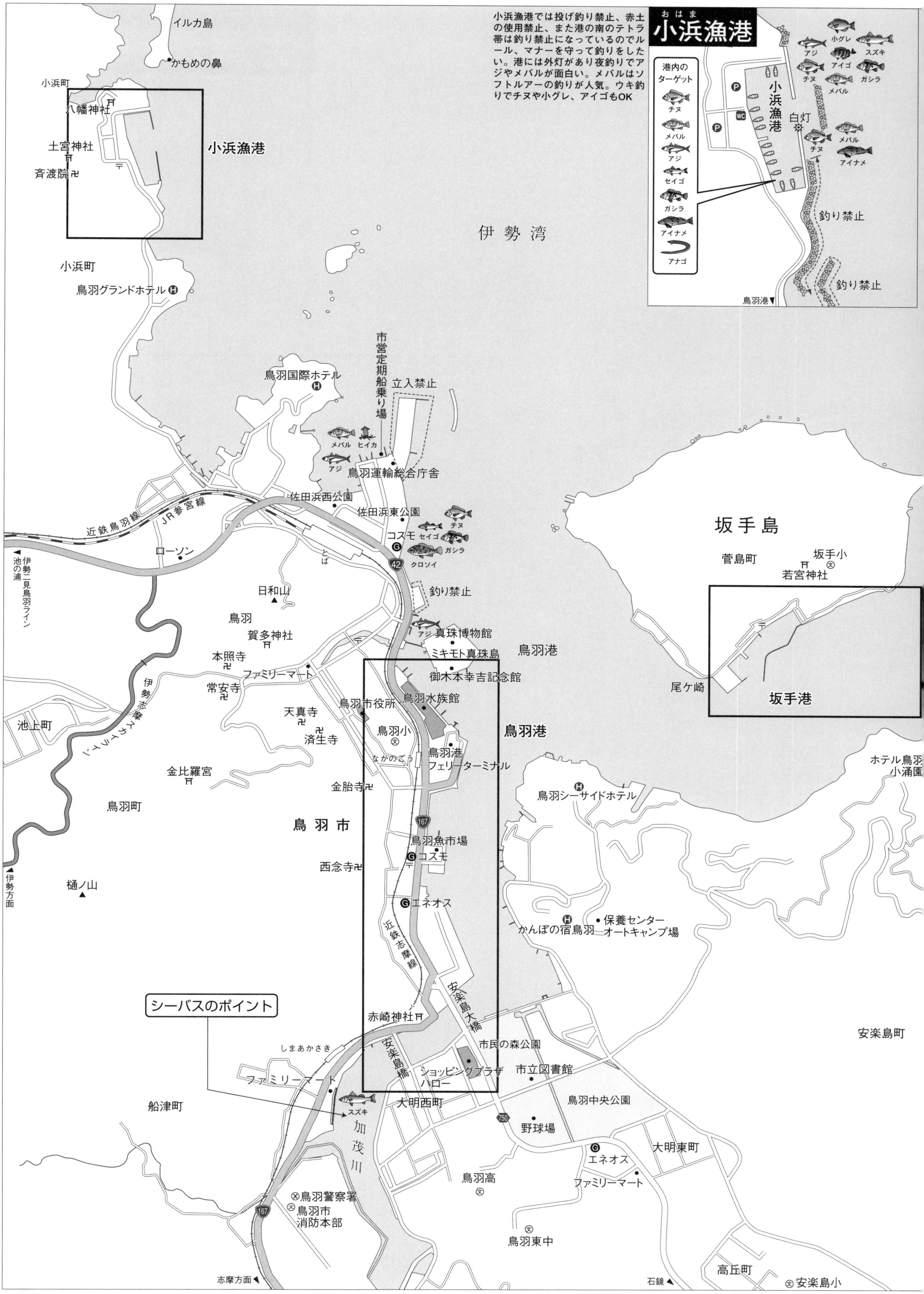

小浜漁港では投げ釣り禁止、赤土の使用禁止、また港の南のテトラ帯は釣り禁止になっているのでルール、マナーを守って釣りをしたい。港には外灯があり夜釣りでアジやメバルが面白い。メバルはソフトルアーの釣りが人気。ウキ釣りでチヌや小グレ、アイゴもOK
小浜《おはま》漁港
港内のターゲット
チヌ
メバル
アジ
セイゴ
ガシラ
アイナメ
アナゴ
小浜漁港
白灯
小グレ
スズキ
アイゴ
ガシラ
釣り禁止
釣り禁止
鳥羽港▼
イルカ島
かもめの鼻
小浜町
八幡神社
土宮神社
斉渡院
小浜漁港
伊勢湾
小浜町
鳥羽グランドホテル
市営定期船乗り場
立入禁止
鳥羽国際ホテル
メバル
ヒイカ
アジ
鳥羽運輸総合庁舎
佐田浜西公園
佐田浜東公園
近鉄鳥羽線
JR参宮線
コスモ
チヌ
セイゴ
ガシラ
クロソイ
ローソン
とば
◀伊勢二見鳥羽ライン 池の浦
日和山
釣り禁止
アジ
真珠博物館
ミキモト真珠島
鳥羽港
御木本幸吉記念館
鳥羽
賀多神社
本照寺
ファミリーマート
常安寺
伊勢志摩スカイライン
池上町
天真寺
済生寺
鳥羽市役所
鳥羽水族館
鳥羽小
なかのごう
鳥羽港フェリーターミナル
鳥羽港
金比羅宮
金胎寺
鳥羽町
鳥羽市
鳥羽魚市場
コスモ
西念寺
◀伊勢方面
樋ノ山
エネオス
近鉄志摩線
かんぽの宿鳥羽
保養センター オートキャンプ場
鳥羽シーサイドホテル
坂手島
菅島町
坂手小
若宮神社
尾ケ崎
坂手港
ホテル鳥羽小涌園
シーバスのポイント
赤崎神社
安楽島大橋
しまあかさき
安楽島橋
市民の森公園
ファミリーマート
ショッピングプラザハロー
市立図書館
スズキ
大明西町
鳥羽中央公園
船津町
加茂川
野球場
エネオス
大明東町
鳥羽高
ファミリーマート
鳥羽警察署
鳥羽市消防本部
鳥羽東中
安楽島町
高丘町
志摩方面
石鏡
安楽島小
42
167
750

生浦湾《おうのうら》～国崎《くざき》

大村島、松ヶ鼻、カノラ島、横ダケシ、サメ島、赤坂などの磯へは石鏡漁港からポセイドンの渡船で渡る

石鏡の磯といえばチヌ。チヌのフカセ釣りで人気が高く愛知、三重だけでなく関西方面からも磯釣りファンが訪れる。メインは松ヶ鼻からサメ島の間だが、シケ気味のときは大村島にも渡している

石鏡島
（禁漁）
松ケ鼻
鍋釜落
メバル
チヌ
グレ
アイゴ
サ志摩ホテル&リゾート
ポセイドン渡
0599-32-5177
ネオス
園照寺
大師堂
石鏡神社
石鏡漁港
弁天崎
仏島
スズキ
メバル
チヌ
グレ
アイゴ
コイジ
石鏡第一ホテル神倶良
石鏡町
カノラ島
横ダケシ
シマアジ
ハマチ
パールロード シーサードライン
750
128
ノコギリ
サメ島
赤坂
パールロード
鳥羽展望台
国崎町
国崎小
海士潜女神社
常福寺
鎧崎灯台
鎧崎
ガシラ
アオリイカの人気ポイント
国崎漁港
相差

石鏡漁港は北寄りの風をまともに受けるため、冬から春は波が高い日が多く、防波堤外向きのテトラは釣りができないことが多い。その分、魚も残っていて根魚、チヌが有望。白灯波止、大突堤とも足下には充分注意。港内は投げ釣りでキスがねらえるが根掛かりは多い。夜、ウキ釣りで大型チヌの実績もある

石鏡《いじか》漁港

渡船乗り場
P
アジ
チヌ
メバル
ガシラ
アイゴ
グレ
白灯
ヒイカ
大突堤
石鏡漁港
キス
仏島
弁天崎
キャンプ場
ホテルいじか荘
パールロード

国崎《くざき》漁港

パールロード
漁協
WC
鎧崎
P
国崎漁港
メバル
アジ
カワハギ
新波止
チヌ
キス
アイナメ
相差
国崎海水浴場
アオリイカ
ガシラ
赤灯
グレ
アイゴ

国崎漁港は近年、アオリイカ釣りで人気が非常に高いところ。エギングかアジを泳がせたウキ釣り仕掛けでねらう人が多い。またソフトルアーを使ったメバリングも人気。港内はアジやメバル、カワハギなど五目ねらいもできるし、フカセや前打ち、紀州釣りで良型チヌもヒットする。新波止や浜からは投げ釣りのキスが面白い。新波止からはチョイ投げでOK

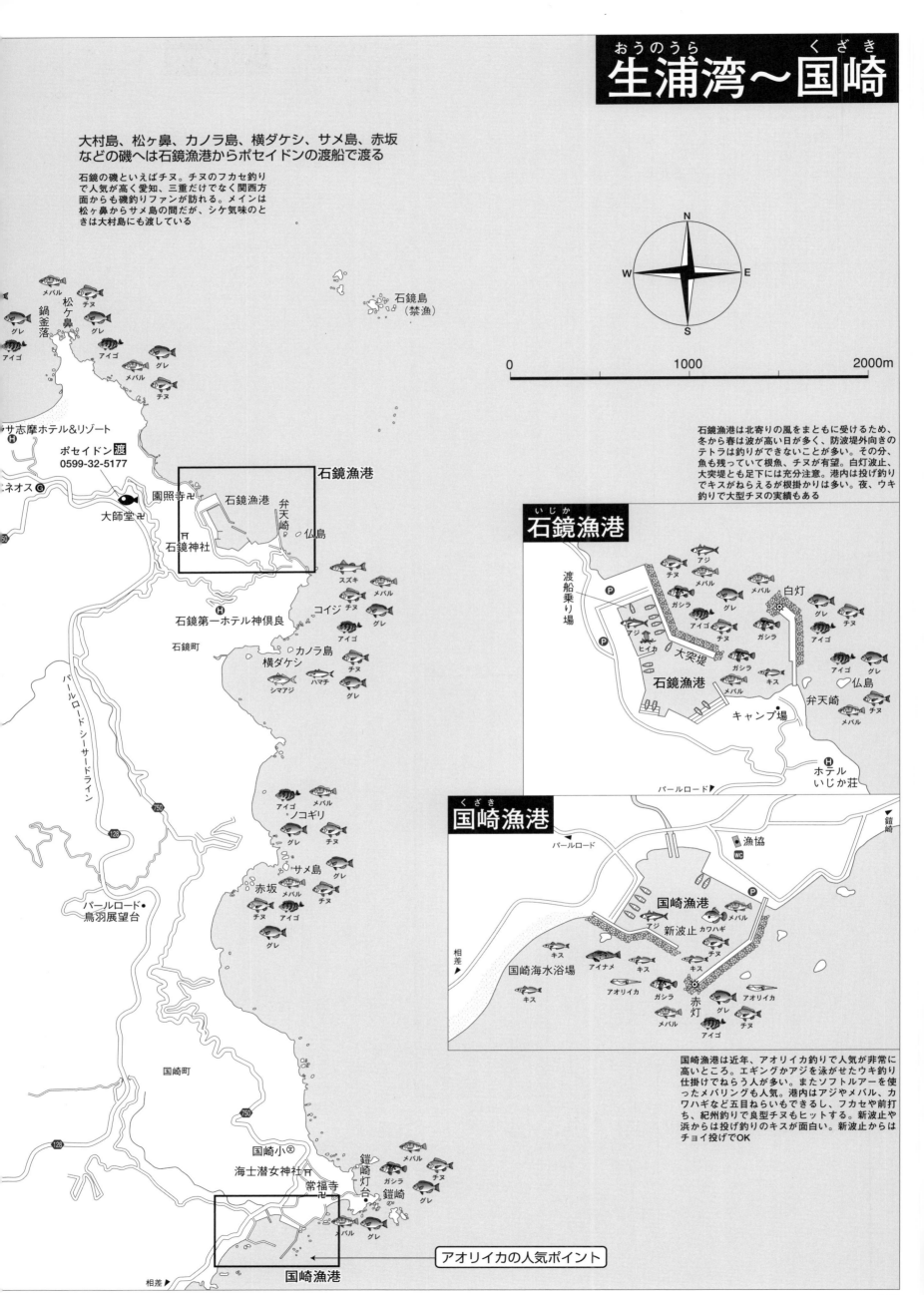

鳥羽中央公園
◀鳥羽港
大明東町
エネオス
ファミリーマート
満留山神社
安楽島海水浴場
安楽島町
伝法院
高丘町
安楽島小
750
鳥羽安楽島キャンプ場
鷲ケ鼻
メバル
浦村町
アイゴ
グレ
大村島
チヌ
白根崎
麻倉島
鳥羽海鮮市場
海の駅黒潮パールロード店
750
夏見キャンプ場
鳥羽キャンプセンター
生浦湾
海の博物館
鏡浦小
コスモ
鏡浦中
浦神社
岩倉町
麻生の浦大橋
750
128
パールロード シーサイドライン
大江寺
清岩庵
128
鳥羽市
春尻川
浦村町
苔ヶ瀬川
鈴串川
47
松尾町
的矢▶

的矢湾周辺《まとや》

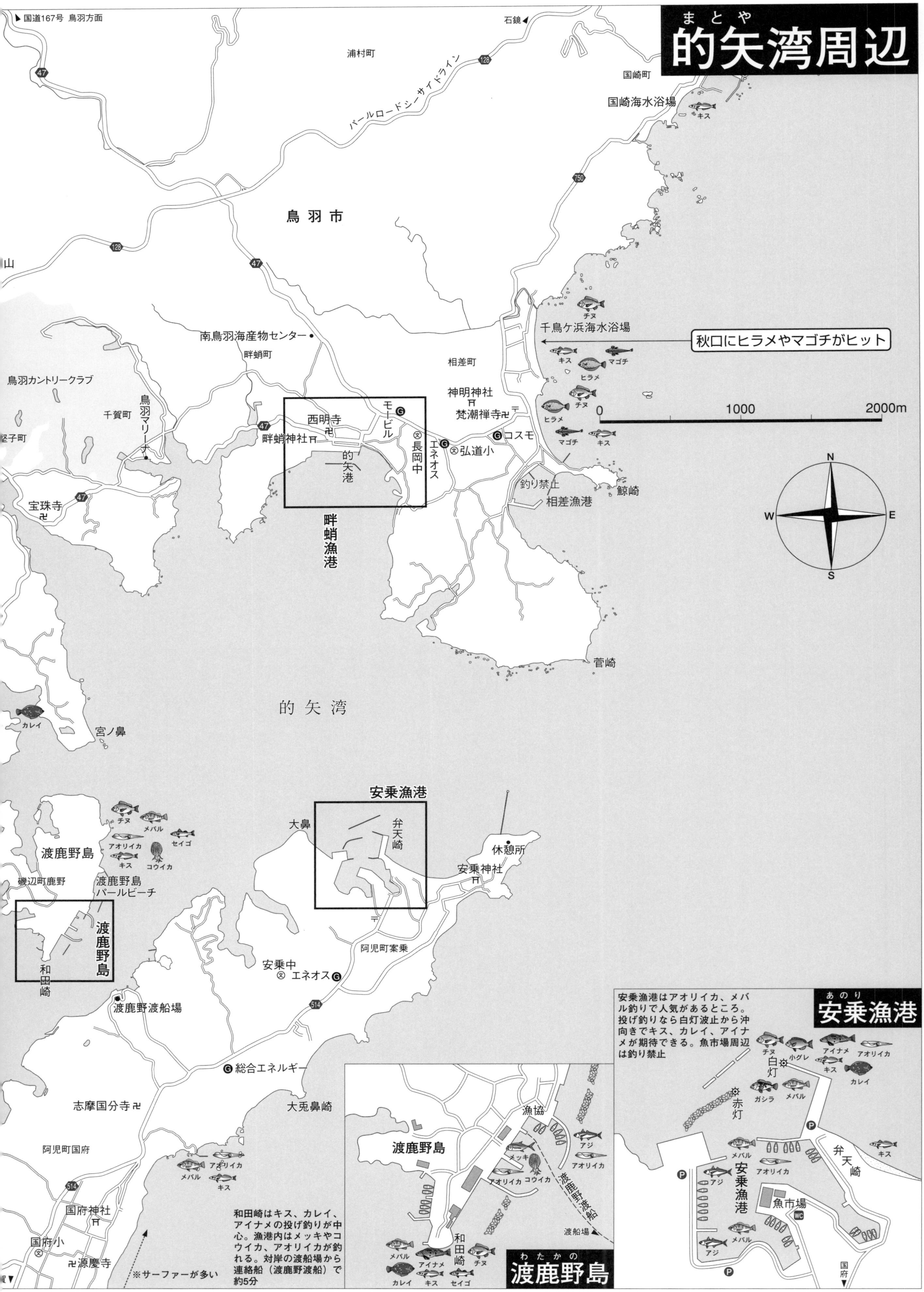

国道167号 鳥羽方面
石鏡
浦村町
国崎町
国崎海水浴場
キス
パールロードシーサイドライン
128
47
750
鳥羽市
山
チヌ
千鳥ケ浜海水浴場
秋口にヒラメやマゴチがヒット
キス
マゴチ
ヒラメ
チヌ
0
1000
2000m
南鳥羽海産物センター
畔蛸町
相差町
鳥羽カントリークラブ
鳥羽マリーナ
千賀町
神明神社
梵潮禅寺
西明寺
モービル
畔蛸神社
的矢港
長岡中
エネオス
弘道小
コスモ
マゴチ
キス
N
W
E
S
宝珠寺
釣り禁止
相差漁港
鯨崎
畔蛸漁港
菅崎
的矢湾
カレイ
宮ノ鼻
安乗漁港
大鼻
弁天崎
休憩所
安乗神社
チヌ
メバル
セイゴ
アオリイカ
キス
コウイカ
渡鹿野島
磯辺町鹿野
渡鹿野島パールビーチ
渡鹿野島
和田崎
阿児町案乗
安乗中
エネオス
渡鹿野渡船場
514
総合エネルギー
志摩国分寺
大兎鼻崎
阿児町国府
メバル
アオリイカ
キス
国府神社
国府小
源慶寺
※サーファーが多い
和田崎はキス、カレイ、アイナメの投げ釣りが中心。漁港内はメッキやコウイカ、アオリイカが釣れる。対岸の渡船場から連絡船（渡鹿野渡船）で約5分
渡鹿野島
漁協
アジ
メッキ
アオリイカ
アオリイカ
コウイカ
渡鹿野渡船
渡船場
和田崎
メバル
アイナメ
チヌ
カレイ
キス
セイゴ
渡鹿野島《わたかの》
安乗漁港はアオリイカ、メバル釣りで人気があるところ。投げ釣りなら白灯波止から沖向きでキス、カレイ、アイナメが期待できる。魚市場周辺は釣り禁止
安乗漁港《あのり》
チヌ
小グレ
アイナメ
アオリイカ
白灯
キス
カレイ
ガシラ
メバル
赤灯
メバル
キス
弁天崎
アジ
アオリイカ
安乗漁港
魚市場
メバル
アジ
国府

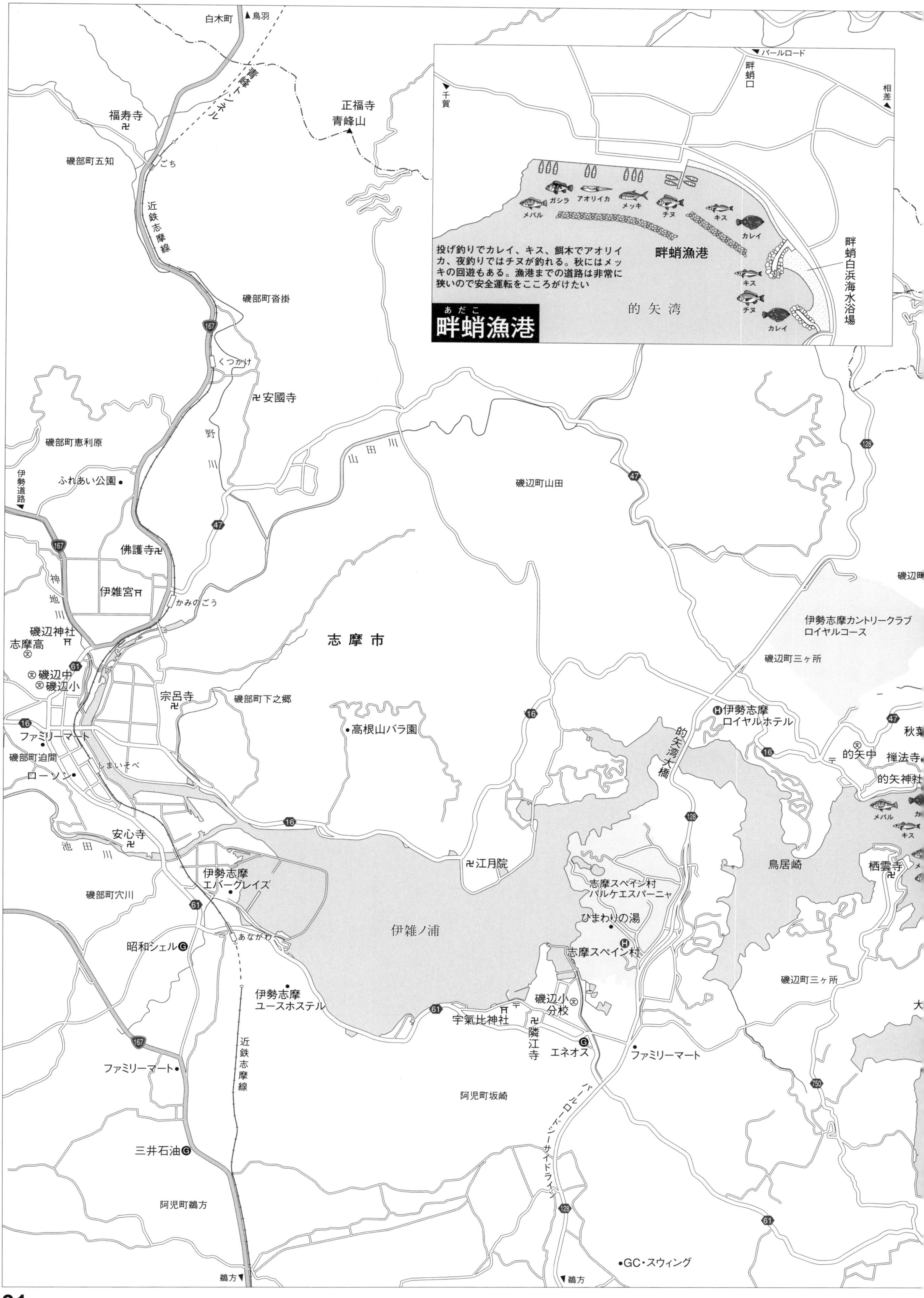

畔蛸漁港《あだこ》
投げ釣りでカレイ、キス、餌木でアオリイカ、夜釣りではチヌが釣れる。秋にはメッキの回遊もある。漁港までの道路は非常に狭いので安全運転をこころがけたい
畔蛸漁港
的矢湾
畔蛸白浜海水浴場
パールロード
畔蛸口
千賀
相差
メバル
ガシラ
アオリイカ
メッキ
チヌ
キス
カレイ
白木町
鳥羽
青峰トンネル
福寿寺
正福寺
青峰山
磯部町五知
ごち
近鉄志摩線
磯部町沓掛
くつかけ
安國寺
野川
磯部町恵利原
山田川
伊勢道路
ふれあい公園
磯辺町山田
佛護寺
神地川
伊雑宮
かみのごう
磯辺神社
志摩高
磯辺中
磯辺小
志摩市
宗呂寺
磯部町下之郷
高根山バラ園
ファミリーマート
磯部町迫間
しまいそべ
ローソン
安心寺
池田川
伊勢志摩エバーグレイズ
磯部町穴川
江月院
伊雑ノ浦
昭和シェル
あながわ
伊勢志摩ユースホステル
ファミリーマート
宇氣比神社
隣江寺
磯辺小分校
エネオス
ファミリーマート
志摩スペイン村パルケエスパーニャ
ひまわりの湯
志摩スペイン村
阿児町坂崎
パールロード
シーサイドライン
三井石油
阿児町鵜方
鵜方
鵜方
GC・スウィング
伊勢志摩カントリークラブロイヤルコース
磯辺町三ヶ所
伊勢志摩ロイヤルホテル
的矢湾大橋
的矢中
禅法寺
的矢神社
鳥居崎
栖雲寺
磯辺町三ヶ所
秋葉

国府白浜《こうしらはま》～名田《なた》

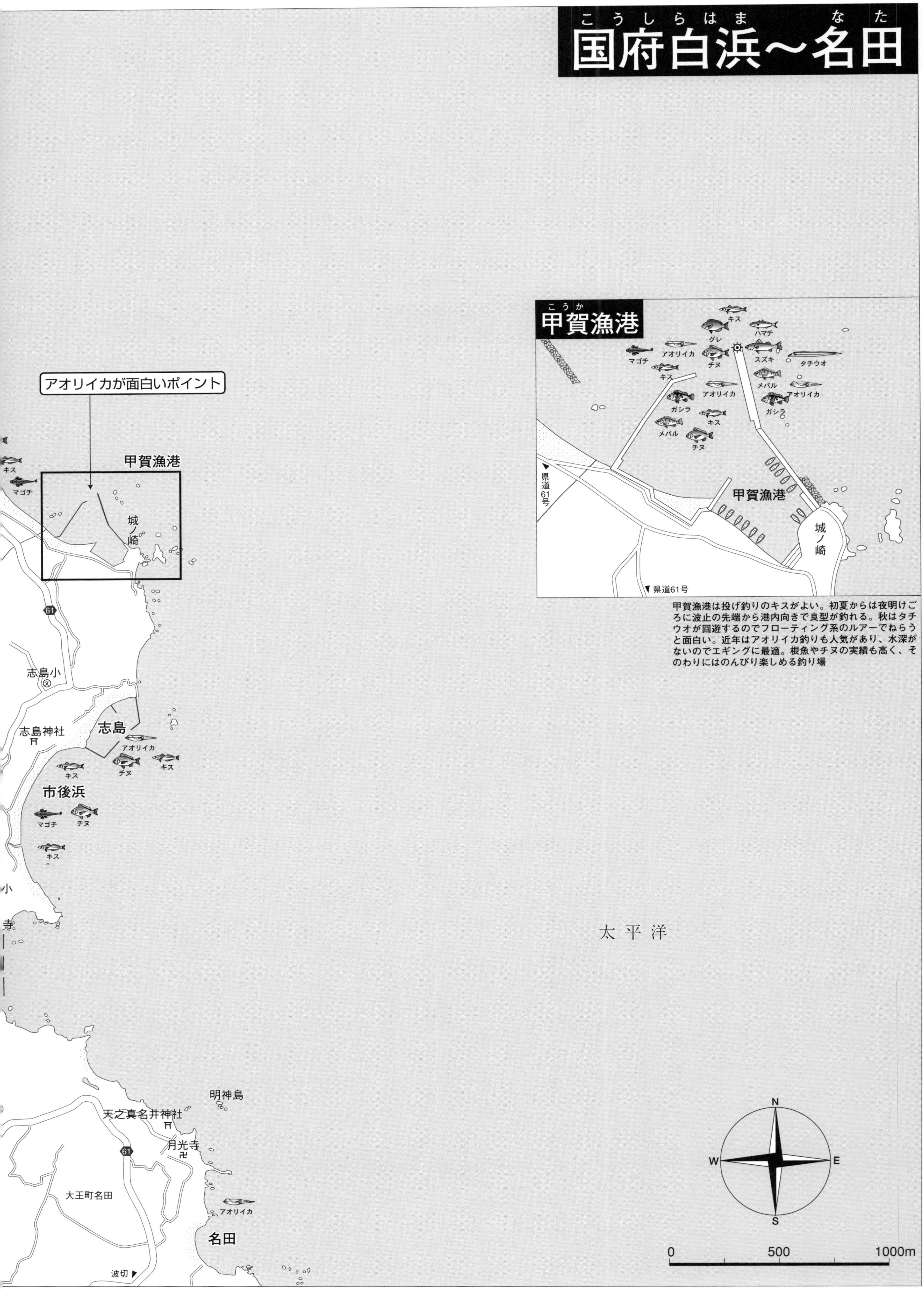

アオリイカが面白いポイント
キス
マゴチ
甲賀漁港
城ノ崎
61
志島小
志島神社
志島
アオリイカ
チヌ
キス
キス
市後浜
マゴチ
チヌ
キス
明神島
天之真名井神社
61
月光寺
大王町名田
アオリイカ
名田
波切
太平洋
N
W
E
S
0
500
1000m

甲賀《こうか》漁港

キス
ハマチ
グレ
マゴチ
アオリイカ
チヌ
スズキ
タチウオ
キス
メバル
アオリイカ
アオリイカ
ガシラ
ガシラ
キス
メバル
チヌ
県道61号
甲賀漁港
城ノ崎
県道61号

甲賀漁港は投げ釣りのキスがよい。初夏からは夜明けごろに波止の先端から港内向きで良型が釣れる。秋はタチウオが回遊するのでフローティング系のルアーでねらうと面白い。近年はアオリイカ釣りも人気があり、水深がないのでエギングに最適。根魚やチヌの実績も高く、そのわりにはのんびり楽しめる釣り場

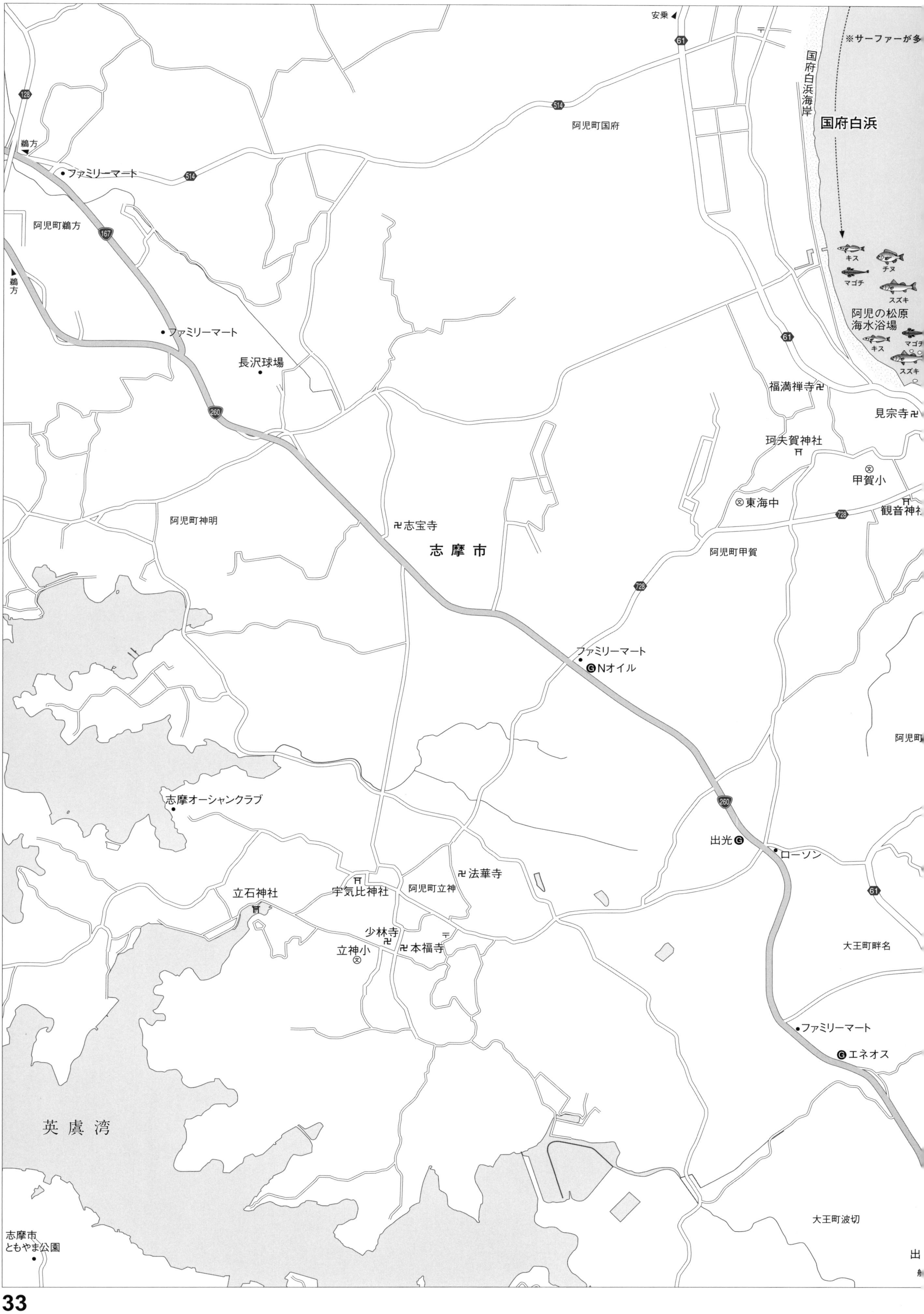

安乗
※サーファーが多
国府白浜海岸
国府白浜
阿児町国府
鵜方
ファミリーマート
阿児町鵜方
ファミリーマート
長沢球場
キス
チヌ
マゴチ
スズキ
阿児の松原
海水浴場
キス
スズキ
福満禅寺
見宗寺
珂夫賀神社
甲賀小
東海中
観音神
阿児町甲賀
志宝寺
志摩市
阿児町神明
ファミリーマート
Nオイル
阿児町
志摩オーシャンクラブ
出光
ローソン
法華寺
宇気比神社
阿児町立神
立石神社
少林寺
本福寺
立神小
大王町畔名
ファミリーマート
エネオス
英虞湾
大王町波切
志摩市
ともやま公園
出
128
167
260
514
61
728

波切《なきり》～片田《かただ》

志摩
61
大王町名田
アオリイカ
61
宝釣具店
0599-72-0556
大王町波切
波切漁港
波切漁港
桂昌寺
515
波切神社
大王崎
波切小
仙遊寺
大慈寺
ヒラスズキ
キス
大王埼灯台
熊野灘

大王崎の付け根にある波切漁港はとにかく魚種が豊富で大型の魚が釣れるところ。白灯波止の先端部から外向き一帯はイシダイを筆頭にグレ、アイゴ、ヒラスズキと磯釣りとかわらないターゲットがサオを曲げてくれる。テトラは大きく危険なため初心者は港内がおすすめ。魚種の多さからいえば港内のほうが上。アオリイカ、アカイカ、コウイカ、マダコなど軟体系からチヌ、グレ、アイゴ、メッキにサヨリ、タチウオと数えればきりがない

波切《なきり》漁港

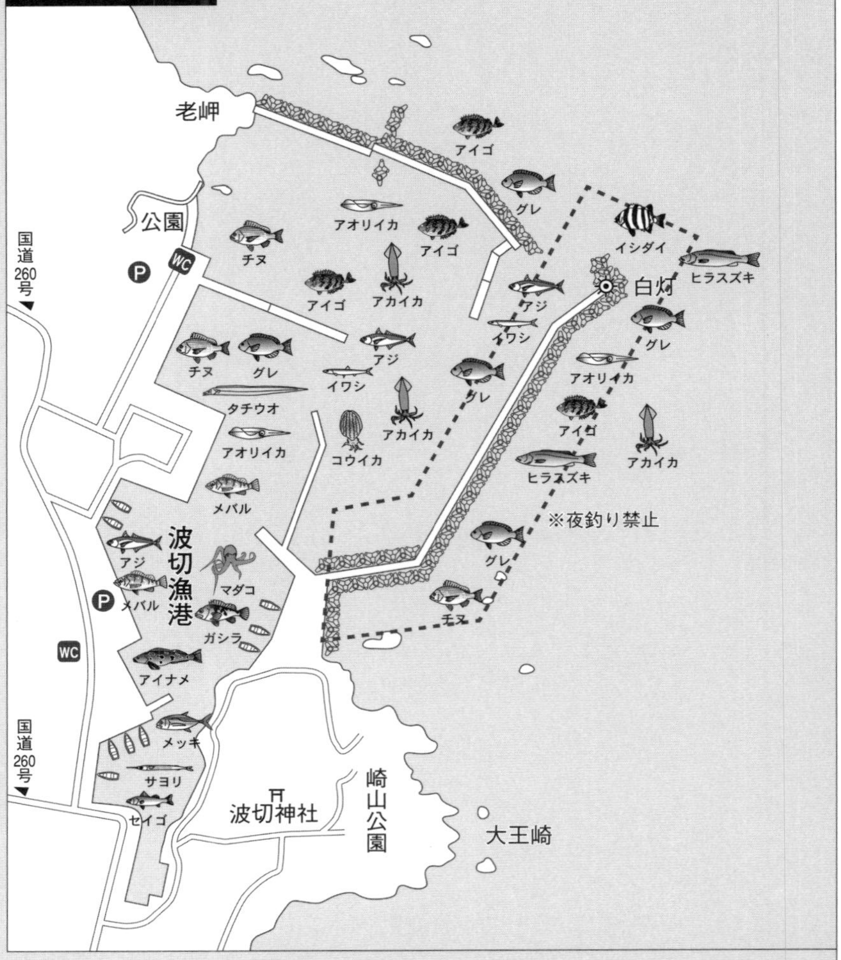
老岬
アイゴ
グレ
公園
アオリイカ
アイゴ
イシダイ
ヒラスズキ
国道260号
チヌ
WC
アイゴ
アカイカ
白灯
アジ
イワシ
グレ
チヌ
グレ
アジ
アオリイカ
イワシ
グレ
タチウオ
アカイカ
アイゴ
アカイカ
コウイカ
アオリイカ
ヒラスズキ
メバル
※夜釣り禁止
波切漁港
アジ
マダコ
グレ
メバル
ガシラ
チヌ
WC
アイナメ
メッキ
国道260号
サヨリ
セイゴ
波切神社
崎山公園
大王崎

深谷《ふかや》水道

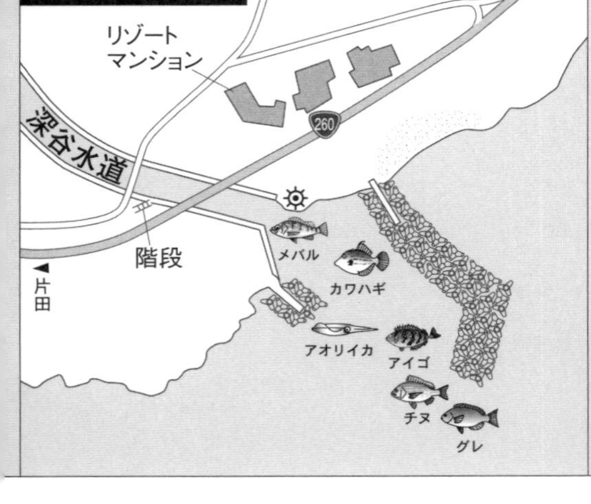
船越
波切
リゾート
マンション
260
深谷水道
階段
片田
メバル
カワハギ
アオリイカ
アイゴ
チヌ
グレ

英虞湾と太平洋をつなぐ深谷水道は非常に潮の流れが速くフカセ釣りで40cmオーバーのグレ、50cmオーバーのチヌが釣れることで有名。テトラの先端部が好ポイントなのでライフジャケットは必着。水道部の両側は非常に足場がよい

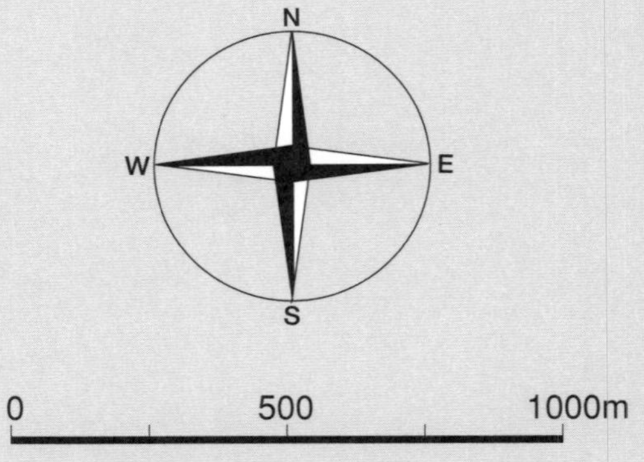
N
W
E
S
0
500
1000m

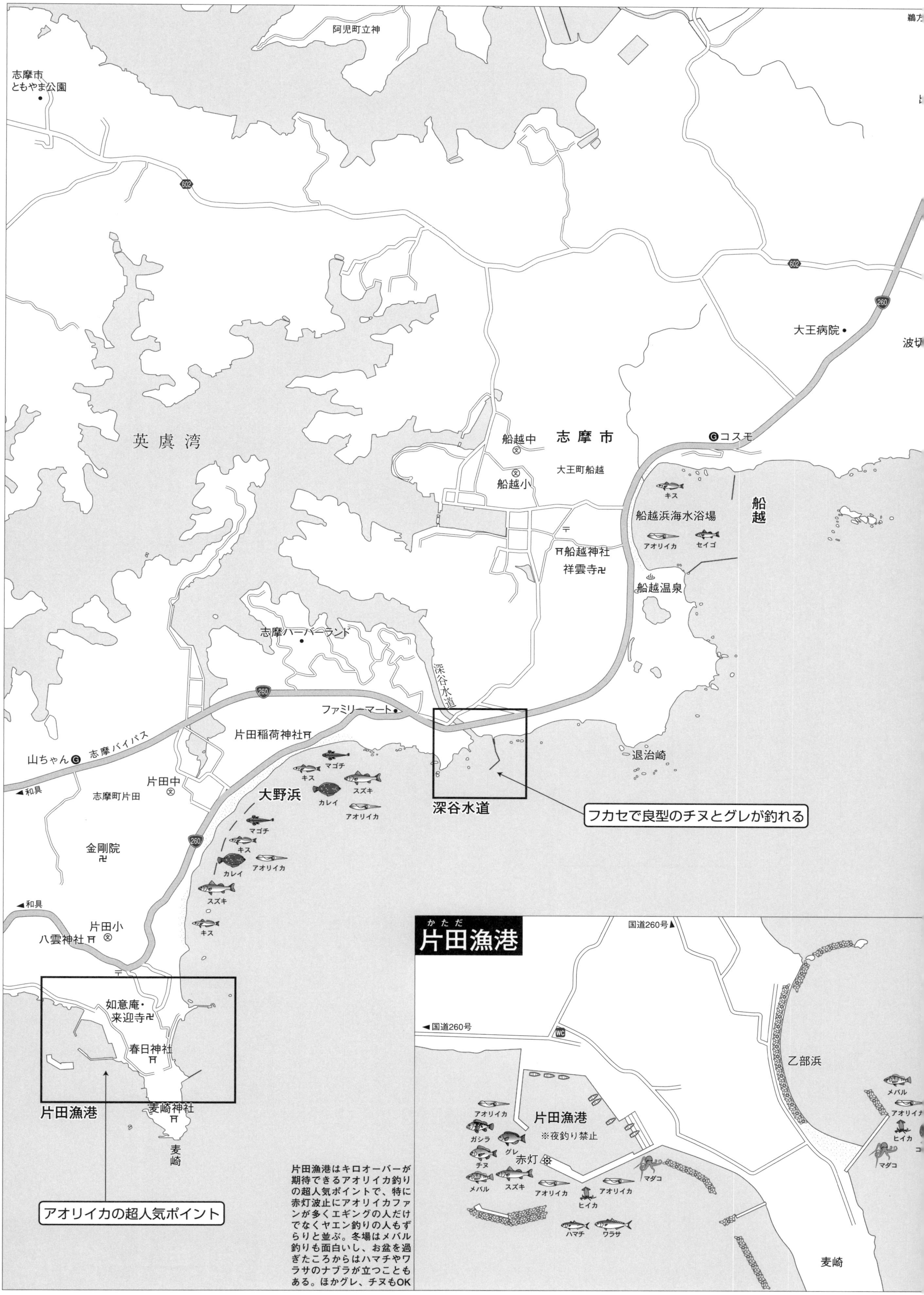
阿児町立神
志摩市
ともやま公園
602
英虞湾
志摩市
船越中
大王町船越
船越小
船越神社
祥雲寺
船越温泉
船越浜海水浴場
船越
キス
アオリイカ
セイゴ
コスモ
大王病院
260
志摩ハーバーランド
深谷水道
ファミリーマート
片田稲荷神社
退治崎
山ちゃん
志摩バイパス
片田中
◀和具
志摩町片田
大野浜
マゴチ
キス
スズキ
カレイ
アオリイカ
深谷水道
フカセで良型のチヌとグレが釣れる
金剛院
片田小
八雲神社
如意庵・
来迎寺
春日神社
片田漁港
麦崎神社
麦崎
アオリイカの超人気ポイント
片田《かただ》漁港
国道260号▲
◀国道260号
WC
乙部浜
片田漁港
※夜釣り禁止
赤灯
アオリイカ
ガシラ
グレ
チヌ
メバル
スズキ
アオリイカ
ヒイカ
アオリイカ
マダコ
ハマチ
ワラサ
メバル
アオリイカ
ヒイカ
マダコ
麦崎

片田漁港はキロオーバーが期待できるアオリイカ釣りの超人気ポイントで、特に赤灯波止にアオリイカファンが多くエギングの人だけでなくヤエン釣りの人もずらりと並ぶ。冬場はメバル釣りも面白いし、お盆を過ぎたころからはハマチやワラサのナブラが立つこともある。ほかグレ、チヌもOK

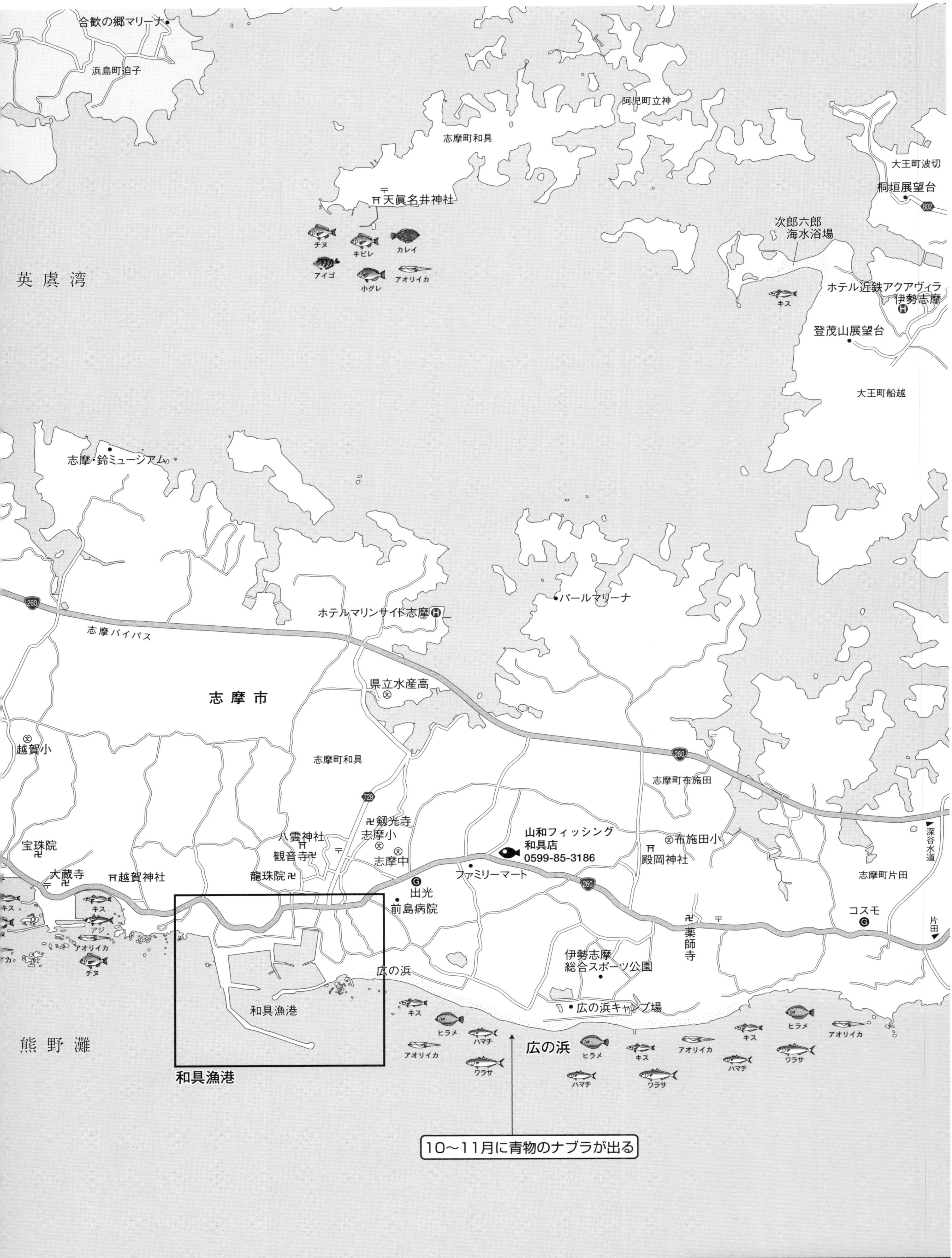

合歓の郷マリーナ
浜島町迫子
英虞湾
志摩町和具
阿児町立神
天真名井神社
チヌ
キビレ
カレイ
アイゴ
小グレ
アオリイカ
大王町波切
桐垣展望台
602
次郎六郎
海水浴場
ホテル近鉄アクアヴィラ
伊勢志摩
キス
登茂山展望台
大王町船越
志摩・鈴ミュージアム
パールマリーナ
260
ホテルマリンサイド志摩
志摩バイパス
県立水産高
志摩市
越賀小
志摩町和具
260
志摩町布施田
729
剱光寺
八雲神社
志摩小
宝珠院
観音寺
志摩中
山和フィッシング
和具店
0599-85-3186
布施田小
殿岡神社
大蔵寺
越賀神社
龍珠院
出光
ファミリーマート
260
深谷水道
志摩町片田
前島病院
コスモ
キス
キス
アジ
アオリイカ
チヌ
薬師寺
片田
伊勢志摩
総合スポーツ公園
広の浜
広の浜キャンプ場
和具漁港
キス
ヒラメ
ハマチ
アオリイカ
ワラサ
広の浜
ヒラメ
キス
アオリイカ
ハマチ
ワラサ
ハマチ
ワラサ
キス
ヒラメ
アオリイカ
熊野灘
和具漁港
10～11月に青物のナブラが出る

和《わ》具《ぐ》～御《ご》座《ざ》

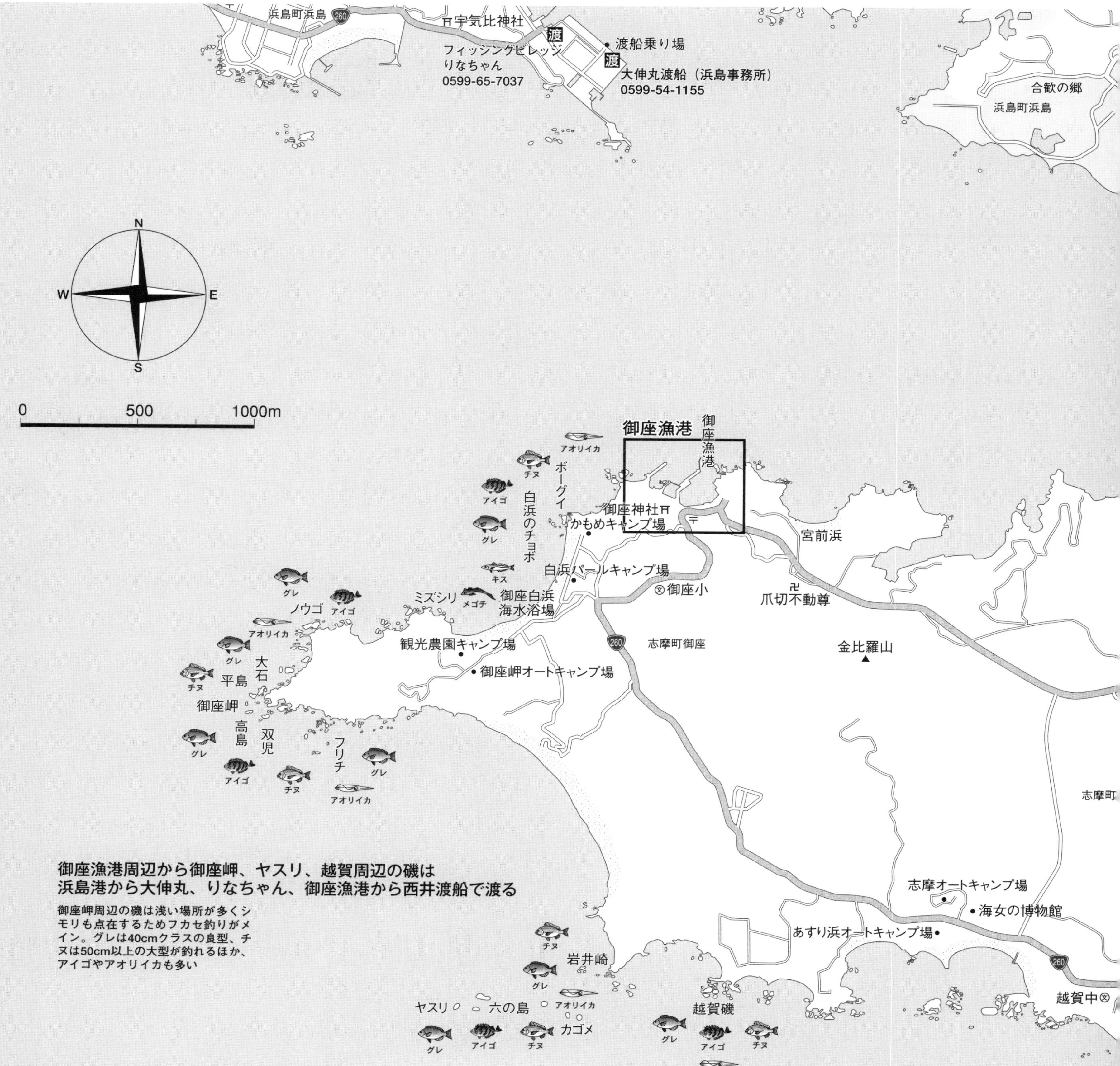

浜島町浜島
宇気比神社
フィッシングビレッジ
りなちゃん
0599-65-7037
渡
渡船乗り場
大伸丸渡船（浜島事務所）
0599-54-1155
合歓の郷
浜島町浜島
N
W
E
S
0
500
1000m
御座漁港
御座漁港
アオリイカ
チヌ
ボーグイ
アイゴ
白浜のチョボ
グレ
御座神社
かもめキャンプ場
宮前浜
キス
白浜パールキャンプ場
御座小
爪切不動尊
グレ
ミズシリ
メゴチ
ノウゴ
アイゴ
御座白浜
海水浴場
アオリイカ
観光農園キャンプ場
志摩町御座
金比羅山
グレ
大石
チヌ
平島
御座岬オートキャンプ場
御座岬
高島
双児
グレ
フリチ
グレ
アイゴ
チヌ
アオリイカ
志摩町
志摩オートキャンプ場
海女の博物館
あすり浜オートキャンプ場
チヌ
岩井崎
グレ
アオリイカ
ヤスリ
六の島
越賀磯
カゴメ
越賀中
グレ
アイゴ
チヌ
グレ
アイゴ
チヌ
アオリイカ

御座漁港周辺から御座岬、ヤスリ、越賀周辺の磯は
浜島港から大伸丸、りなちゃん、御座漁港から西井渡船で渡る

御座岬周辺の磯は浅い場所が多くシモリも点在するためフカセ釣りがメイン。グレは40cmクラスの良型、チヌは50cm以上の大型が釣れるほか、アイゴやアオリイカも多い

和具《わぐ》漁港

一番外側のテトラ波止は立入禁止だが赤灯の波止や西側の波止、港内と釣り場は広くトイレも各所にあってファミリーフィッシングにもおすすめ。サビキでアジ、ウキ釣りでサヨリ、小グレ、ルアーでメッキ、カマス、アオリイカのエギング、投げ釣りでキスと多彩に楽しめる

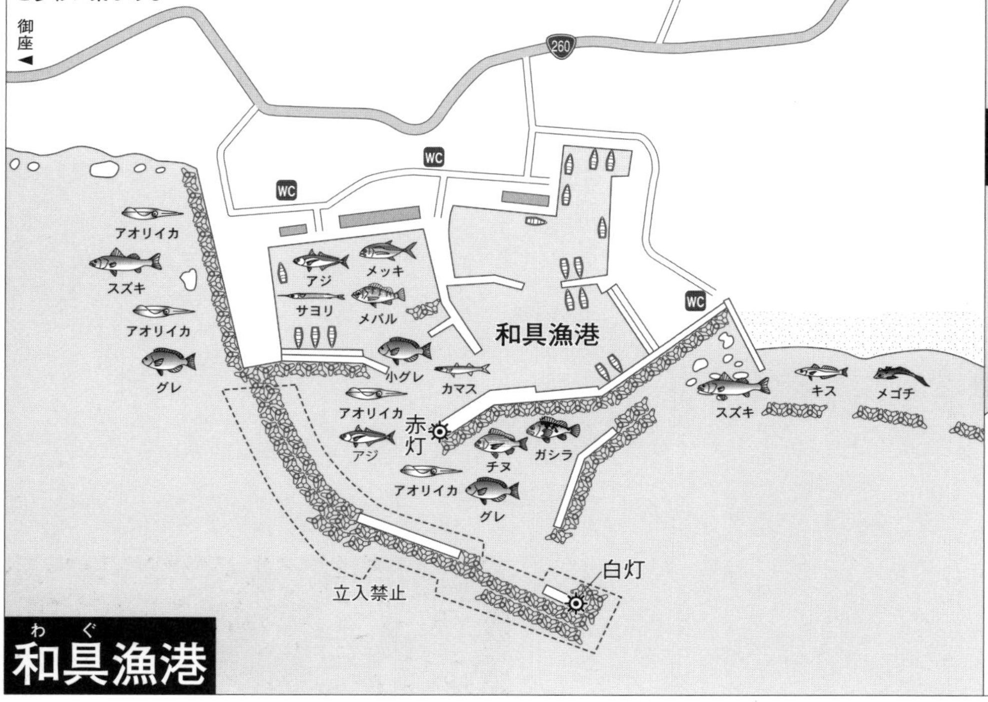

志摩バイパス
片田
御座
WC
WC
WC
アオリイカ
スズキ
アオリイカ
グレ
アジ
メッキ
サヨリ
メバル
和具漁港
小グレ
カマス
スズキ
キス
メゴチ
アオリイカ
アジ
赤灯
チヌ
ガシラ
アオリイカ
グレ
白灯
立入禁止

御座《ござ》漁港

御座漁港は非常に小さい港でメインの赤灯の波止でサオを振れるのは少人数。ウキ釣りで小グレやメバル、アジが主なターゲット。投げ釣りのキスは対岸の小波止からがよいが根掛かりが多い

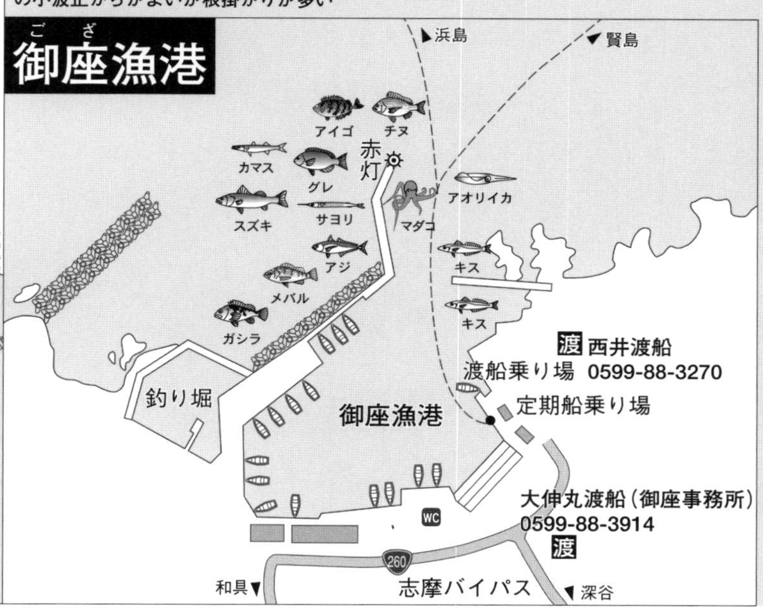

浜島
賢島
アイゴ
チヌ
カマス
赤灯
グレ
アオリイカ
スズキ
サヨリ
マダコ
アジ
キス
メバル
キス
ガシラ
渡 西井渡船
渡船乗り場 0599-88-3270
定期船乗り場
釣り堀
御座漁港
大伸丸渡船（御座事務所）
0599-88-3914
渡
WC
和具
志摩バイパス
深谷

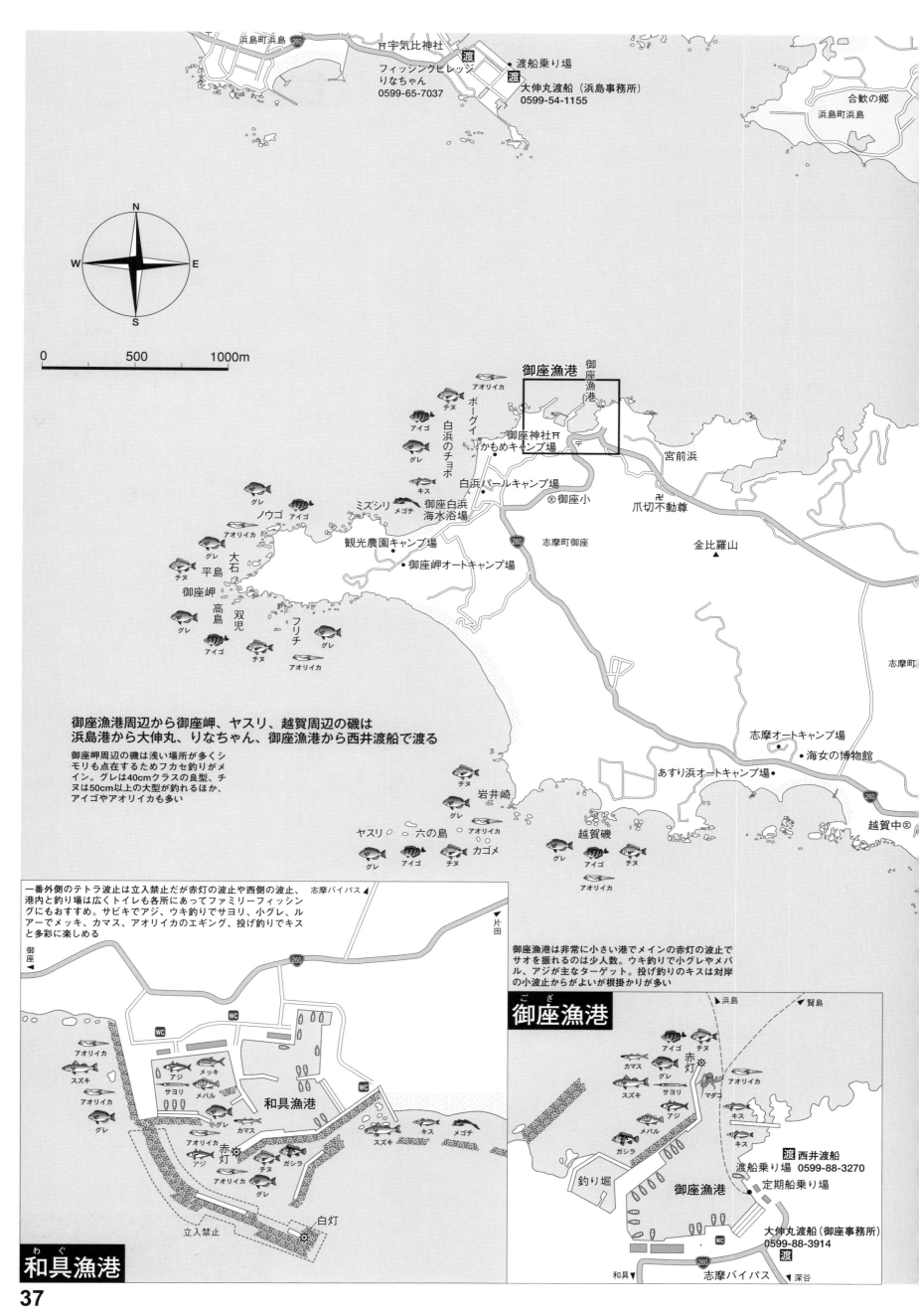

賢島《かしこじま》〜浜島《はまじま》

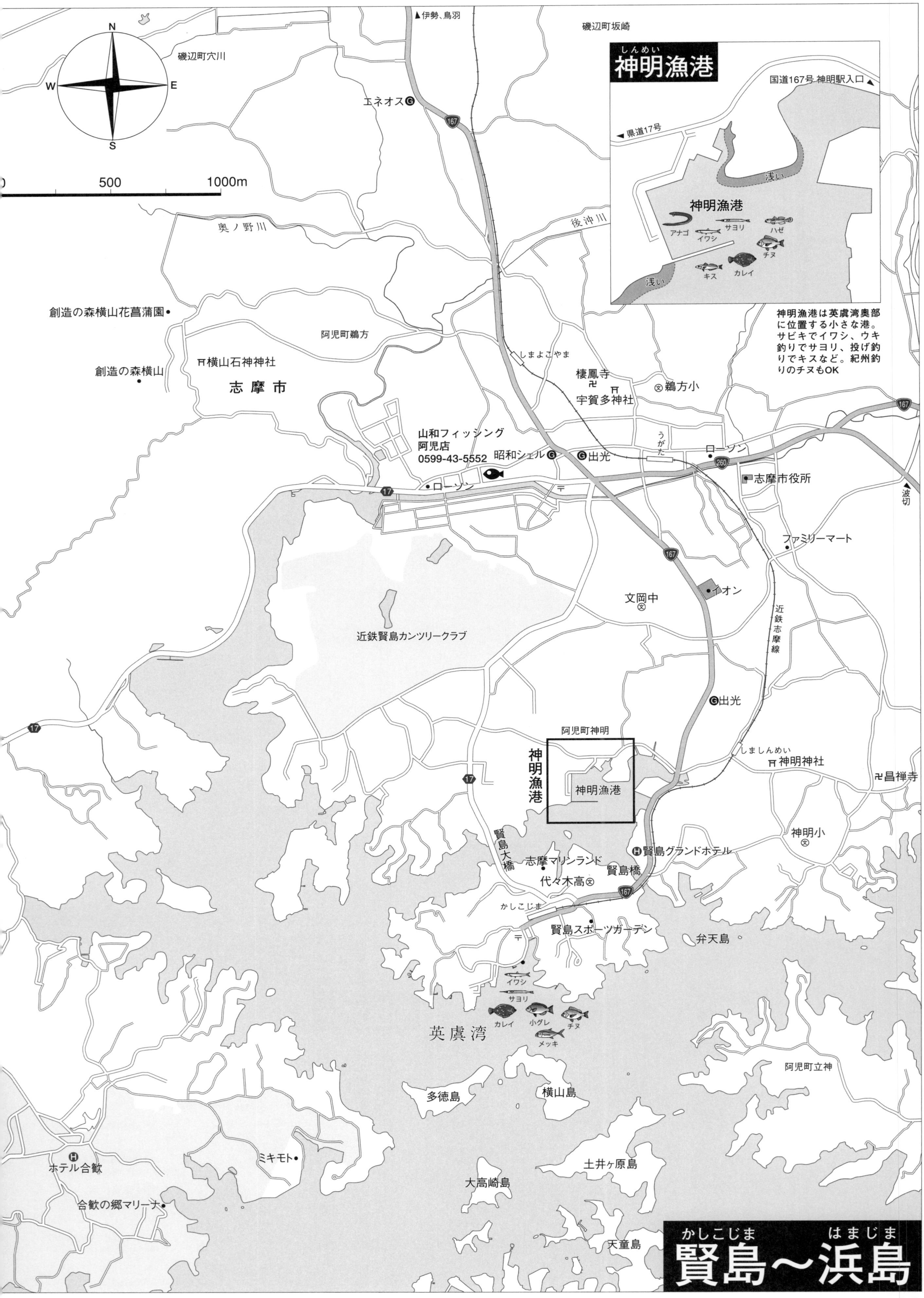
N
S
W
E
0
500
1000m
▲伊勢、鳥羽
磯辺町坂崎
磯辺町穴川
神明《しんめい》漁港
国道167号 神明駅入口▲
◀県道17号
浅い
神明漁港
アナゴ
サヨリ
ハゼ
イワシ
チヌ
キス
カレイ
浅い
神明漁港は英虞湾奥部に位置する小さな港。サビキでイワシ、ウキ釣りでサヨリ、投げ釣りでキスなど。紀州釣りのチヌもOK
エネオス
167
奥ノ野川
後沖川
創造の森横山花菖蒲園
阿児町鵜方
しまよこやま
創造の森横山
横山石神神社
志摩市
棲鳳寺
宇賀多神社
鵜方小
山和フィッシング
阿児店
0599-43-5552
昭和シェル
出光
うがた
ローソン
260
志摩市役所
▲波切
17
ローソン
ファミリーマート
イオン
文岡中
近鉄志摩線
近鉄賢島カンツリークラブ
出光
阿児町神明
神明漁港
神明漁港
しましんめい
神明神社
昌禅寺
17
賢島大橋
志摩マリンランド
賢島グランドホテル
賢島橋
代々木高
神明小
かしこじま
賢島スポーツガーデン
弁天島
イワシ
サヨリ
カレイ
小グレ
チヌ
メッキ
英虞湾
阿児町立神
多徳島
横山島
ホテル合歓
ミキモト
土井ヶ原島
大高崎島
合歓の郷マリーナ
天童島

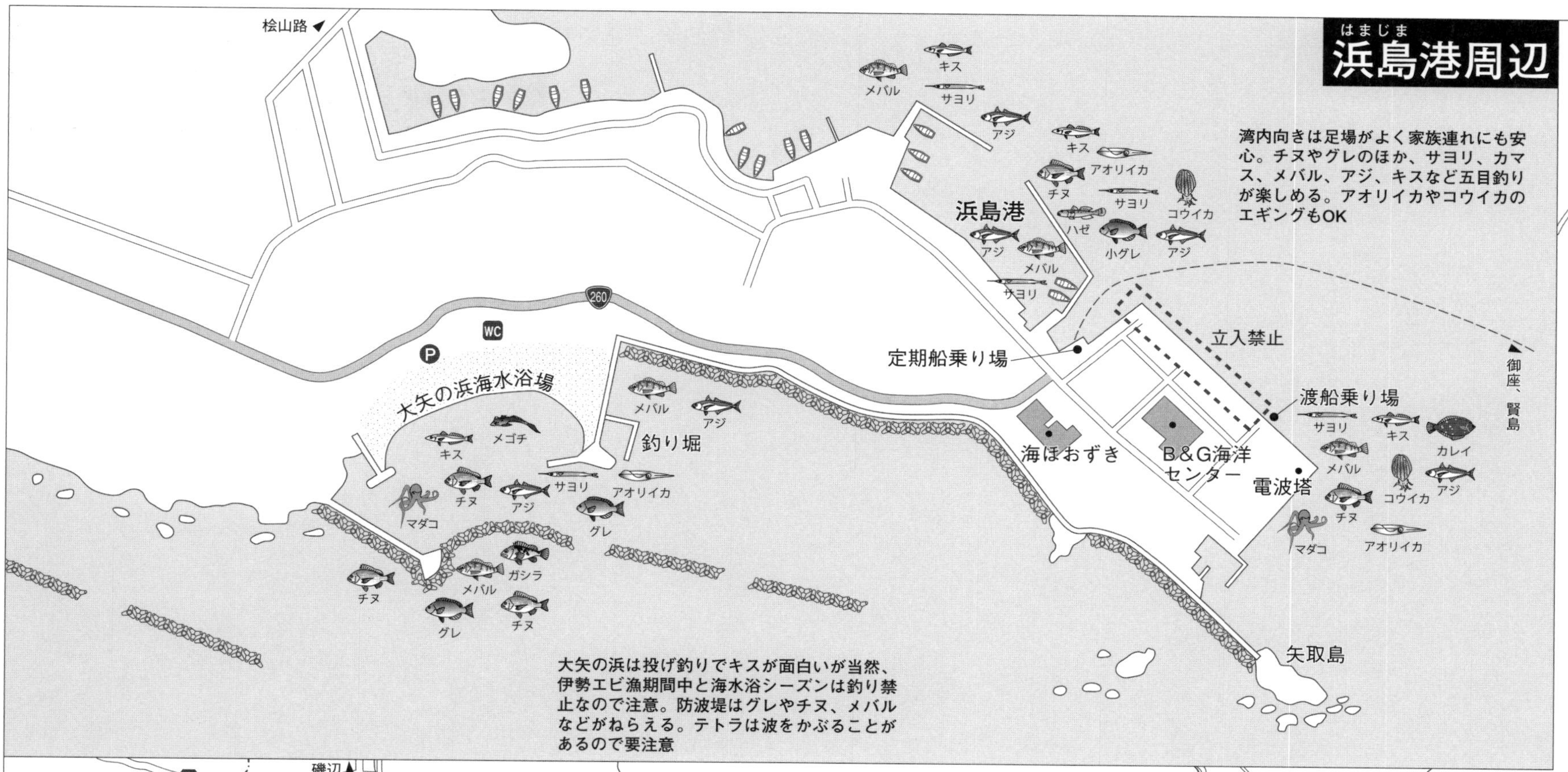

浜島《はまじま》港周辺
湾内向きは足場がよく家族連れにも安心。チヌやグレのほか、サヨリ、カマス、メバル、アジ、キスなど五目釣りが楽しめる。アオリイカやコウイカのエギングもOK
桧山路
キス
メバル
サヨリ
アジ
キス
アオリイカ
チヌ
サヨリ
コウイカ
浜島港
ハゼ
アジ
小グレ
アジ
メバル
サヨリ
260
WC
P
立入禁止
定期船乗り場
御座、賢島
大矢の浜海水浴場
メバル
アジ
渡船乗り場
サヨリ
キス
カレイ
キス
メゴチ
釣り堀
海ほおずき
B&G海洋センター
メバル
チヌ
サヨリ
アオリイカ
電波塔
コウイカ
アジ
マダコ
アジ
グレ
チヌ
マダコ
アオリイカ
ガシラ
チヌ
メバル
グレ
チヌ
矢取島
大矢の浜は投げ釣りでキスが面白いが当然、伊勢エビ漁期間中と海水浴シーズンは釣り禁止なので注意。防波堤はグレやチヌ、メバルなどがねらえる。テトラは波をかぶることがあるので要注意

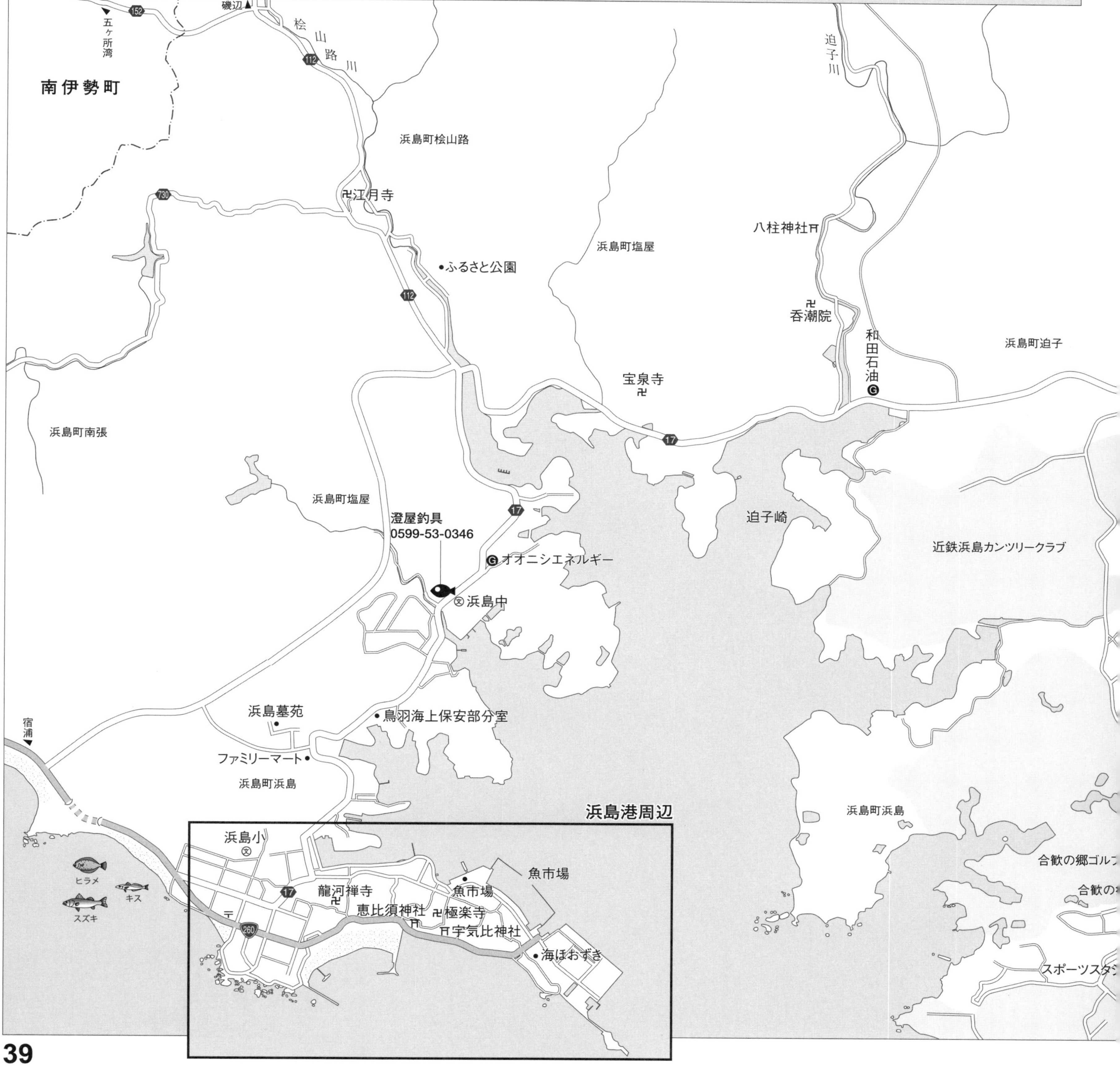

152
五ヶ所湾
磯辺
桧山路川
112
迫子川
南伊勢町
浜島町桧山路
730
江月寺
八柱神社
浜島町塩屋
ふるさと公園
112
香潮院
和田石油
浜島町迫子
宝泉寺
浜島町南張
17
浜島町塩屋
迫子崎
17
澄屋釣具
0599-53-0346
オオニシエネルギー
近鉄浜島カンツリークラブ
浜島中
浜島墓苑
鳥羽海上保安部分室
宿浦
ファミリーマート
浜島町浜島
浜島町浜島
浜島港周辺
浜島小
合歓の郷ゴルフ
ヒラメ
キス
スズキ
魚市場
龍河禅寺
17
魚市場
合歓の
恵比須神社
極楽寺
260
宇気比神社
海ほおずき
スポーツスタ

五ヶ所《ごかしょ》湾北部

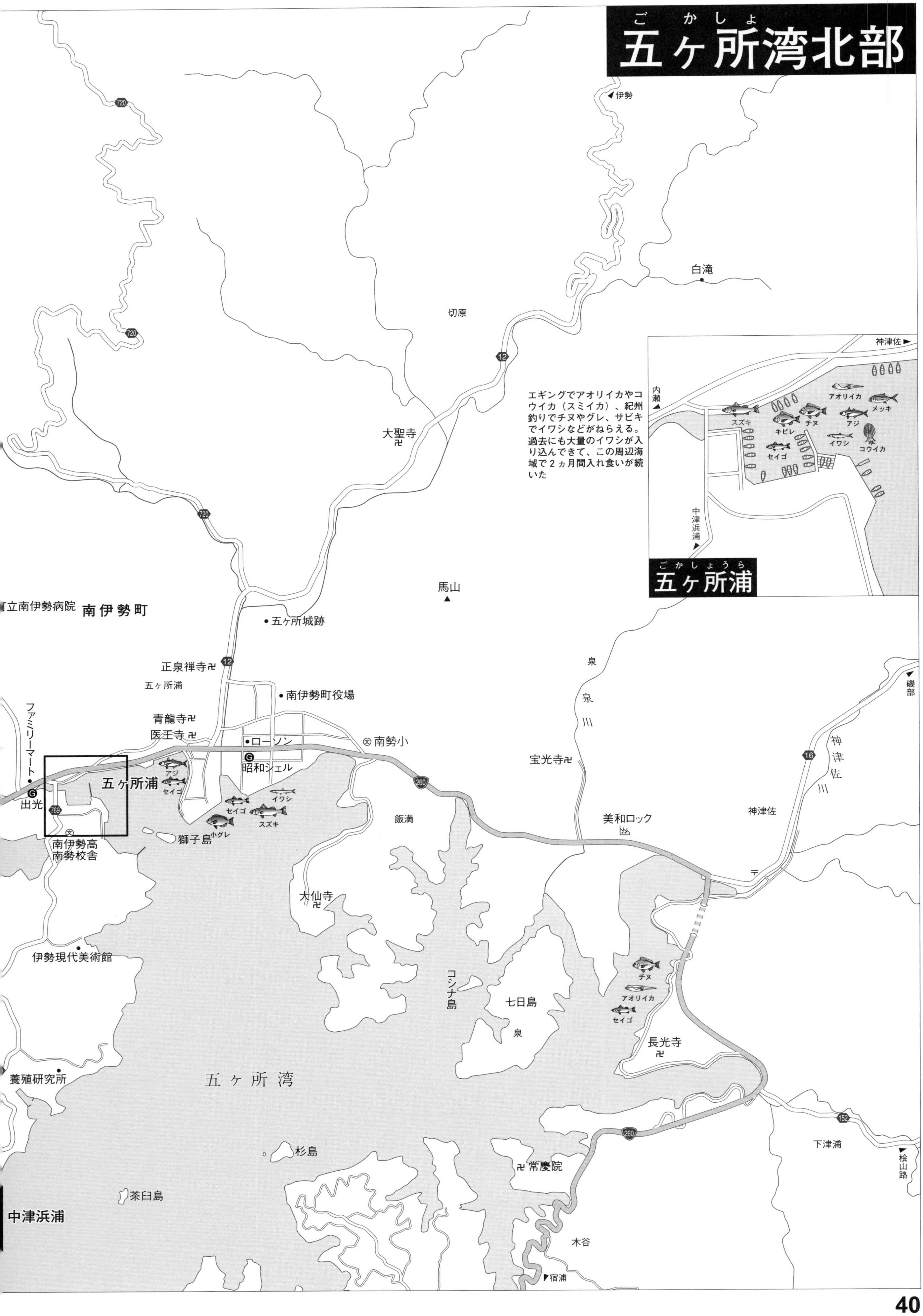
◀伊勢
720
720
720
12
12
白滝
切原
大聖寺
馬山
神津佐▶
内瀬
エギングでアオリイカやコウイカ（スミイカ）、紀州釣りでチヌやグレ、サビキでイワシなどがねらえる。過去にも大量のイワシが入り込んできて、この周辺海域で2ヵ月間入れ食いが続いた
スズキ
キビレ
チヌ
アオリイカ
アジ
メッキ
イワシ
セイゴ
コウイカ
中津浜浦
五ヶ所浦《ごかしょうら》
町立南伊勢病院
南伊勢町
五ヶ所城跡
正泉禅寺
五ヶ所浦
南伊勢町役場
ファミリーマート
青龍寺
医王寺
ローソン
南勢小
昭和シェル
出光
五ヶ所浦
アジ
セイゴ
イワシ
セイゴ
スズキ
小グレ
769
南伊勢高
南勢校舎
獅子島
260
飯満
泉
泉川
宝光寺
美和ロック
磯部
神津佐川
16
神津佐
大仙寺
伊勢現代美術館
コシナ島
七日島
泉
チヌ
アオリイカ
セイゴ
長光寺
五ヶ所湾
養殖研究所
152
下津浦
桧山路
260
杉島
常慶院
茶臼島
中津浜浦
木谷
宿浦

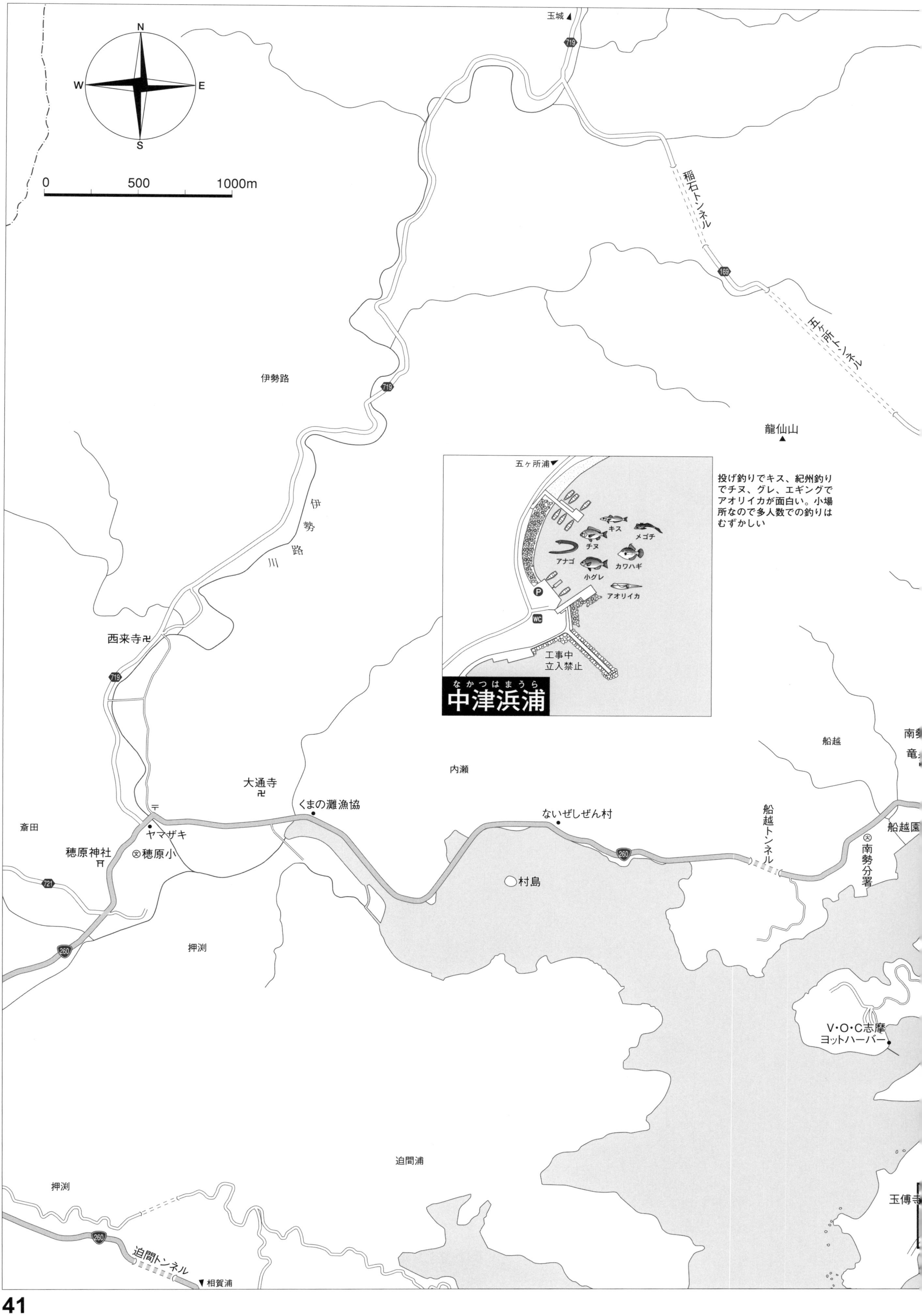

N
W
E
S
0
500
1000m
玉城
719
稲石トンネル
169
五ヶ所トンネル
伊勢路
龍仙山
伊勢路川
西来寺
五ヶ所浦
キス
メゴチ
チヌ
アナゴ
カワハギ
小グレ
アオリイカ
P
WC
工事中
立入禁止
中津浜浦《なかつはまうら》
投げ釣りでキス、紀州釣りでチヌ、グレ、エギングでアオリイカが面白い。小場所なので多人数での釣りはむずかしい
船越
内瀬
大通寺
くまの灘漁協
ないぜしぜん村
船越トンネル
船越園
南勢分署
斎田
ヤマザキ
穂原神社
穂原小
260
村島
721
押渕
V・O・C志摩
ヨットハーバー
迫間浦
押渕
玉傳寺
迫間トンネル
相賀浦

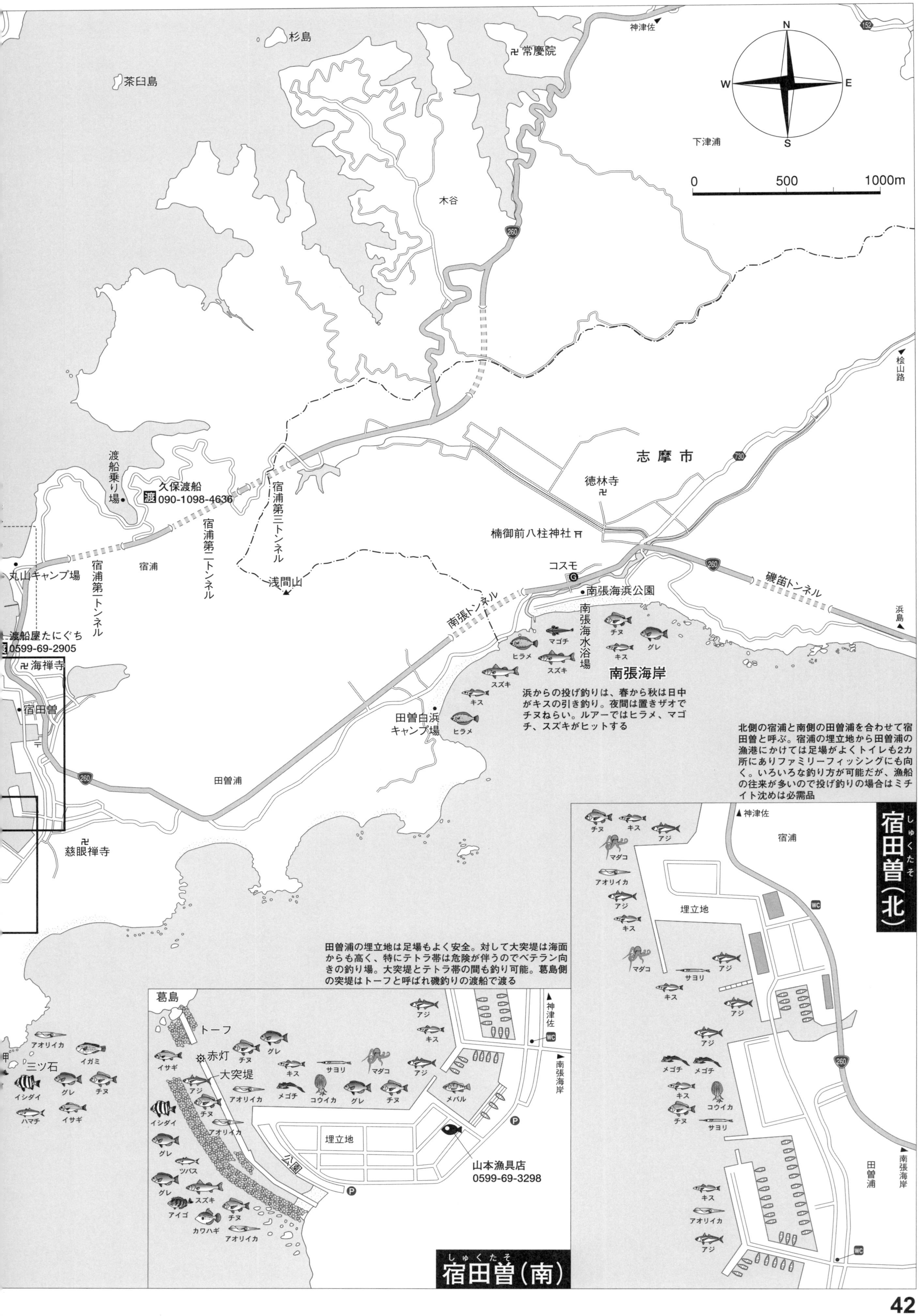

杉島
茶臼島
常慶院
神津佐
152
N
W
E
S
下津浦
0
500
1000m
木谷
260
桧山路
志摩市
730
徳林寺
楠御前八柱神社
宿浦第三トンネル
宿浦第二トンネル
宿浦第一トンネル
渡船乗り場
渡
久保渡船
090-1098-4636
丸山キャンプ場
宿浦
浅間山
コスモ
G
南張海浜公園
260
磯笛トンネル
浜島
南張トンネル
南張海水浴場
渡船屋たにぐち
0599-69-2905
海禅寺
宿田曽
田曽白浜キャンプ場
田曽浦
慈眼禅寺
マゴチ
チヌ
グレ
ヒラメ
キス
スズキ
アオリイカ
イガミ
三ツ石
イシダイ
グレ
チヌ
ハマチ
イサギ
葛島
トーフ
赤灯
大突堤
イサギ
チヌ
グレ
アジ
キス
サヨリ
マダコ
コウイカ
メゴチ
メバル
ツバス
アイゴ
カワハギ
埋立地
公園
山本漁具店
0599-69-3298
P
WC
南張海岸
神津佐
宿浦
埋立地
260
田曽浦
南張海岸

南張海岸

浜からの投げ釣りは、春から秋は日中がキスの引き釣り。夜間は置きザオでチヌねらい。ルアーではヒラメ、マゴチ、スズキがヒットする

宿田曽《しゅくたそ》(北)

北側の宿浦と南側の田曽浦を合わせて宿田曽と呼ぶ。宿浦の埋立地から田曽浦の漁港にかけては足場がよくトイレも2カ所にありファミリーフィッシングにも向く。いろいろな釣り方が可能だが、漁船の往来が多いので投げ釣りの場合はミチイト沈めは必需品

宿田曽《しゅくたそ》(南)

田曽浦の埋立地は足場もよく安全。対して大突堤は海面からも高く、特にテトラ帯は危険が伴うのでベテラン向きの釣り場。大突堤とテトラ帯の間も釣り可能。葛島側の突堤はトーフと呼ばれ磯釣りの渡船で渡る

五《ご》ヶ《か》所《しょ》湾南部

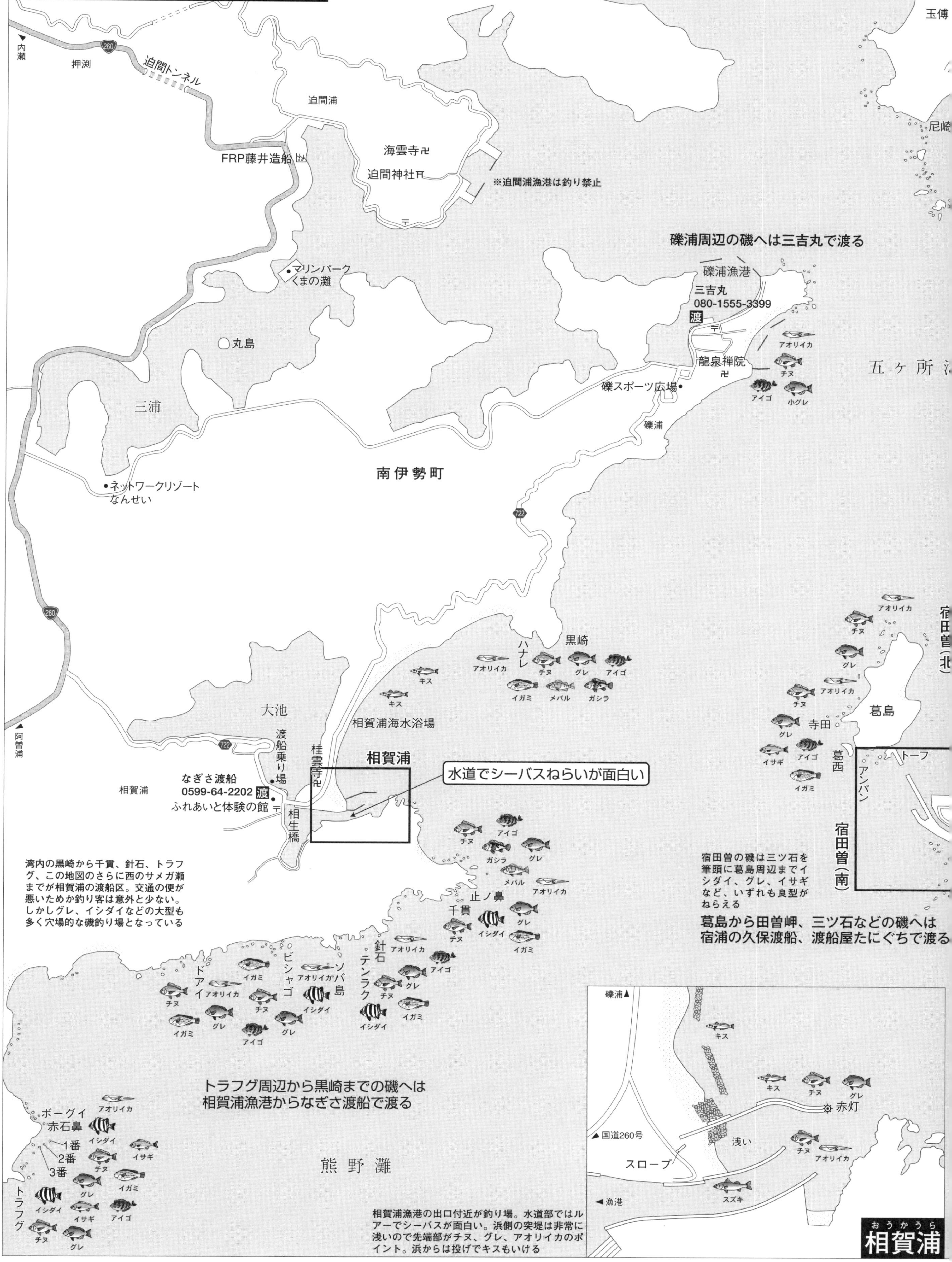

内瀬
260
押渕
迫間トンネル
迫間浦
海雲寺
迫間神社
FRP藤井造船
※迫間浦漁港は釣り禁止
玉倶
尼崎
礫浦周辺の磯へは三吉丸で渡る
礫浦漁港
三吉丸
080-1555-3399
渡
龍泉禅院
礫スポーツ広場
礫浦
アオリイカ
チヌ
アイゴ
小グレ
五ヶ所湾
マリンパーク
くまの灘
丸島
三浦
南伊勢町
ネットワークリゾート
なんせい
722
260
阿曽浦
大池
渡船乗り場
桂雲寺
相賀浦
相賀浦海水浴場
なぎさ渡船
0599-64-2202
渡
ふれあいと体験の館
相生橋
水道でシーバスねらいが面白い
ハナレ
黒崎
アオリイカ
キス
チヌ
グレ
アイゴ
イガミ
メバル
ガシラ
宿田曽(北)
葛島
寺田
葛西
イサギ
トーフ
アンパン
宿田曽(南)
宿田曽の磯は三ツ石を筆頭に葛島周辺までイシダイ、グレ、イサギなど、いずれも良型がねらえる
葛島から田曽岬、三ツ石などの磯へは宿浦の久保渡船、渡船屋たにぐちで渡る
湾内の黒崎から千貫、針石、トラフグ、この地図のさらに西のサメガ瀬までが相賀浦の渡船区。交通の便が悪いためか釣り客は意外と少ない。しかしグレ、イシダイなどの大型も多く穴場的な磯釣り場となっている
止ノ鼻
千貫
イシダイ
針石
テンラク
ソバ島
ビシャゴ
ドアイ
トラフグ周辺から黒崎までの磯へは相賀浦漁港からなぎさ渡船で渡る
ボーグイ
赤石鼻
1番
2番
3番
トラフグ
熊野灘
相賀浦漁港の出口付近が釣り場。水道部ではルアーでシーバスが面白い。浜側の突堤は非常に浅いので先端部がチヌ、グレ、アオリイカのポイント。浜からは投げでキスもいける
礫浦
国道260号
スロープ
漁港
浅い
赤灯
スズキ
相賀浦《おうかうら》

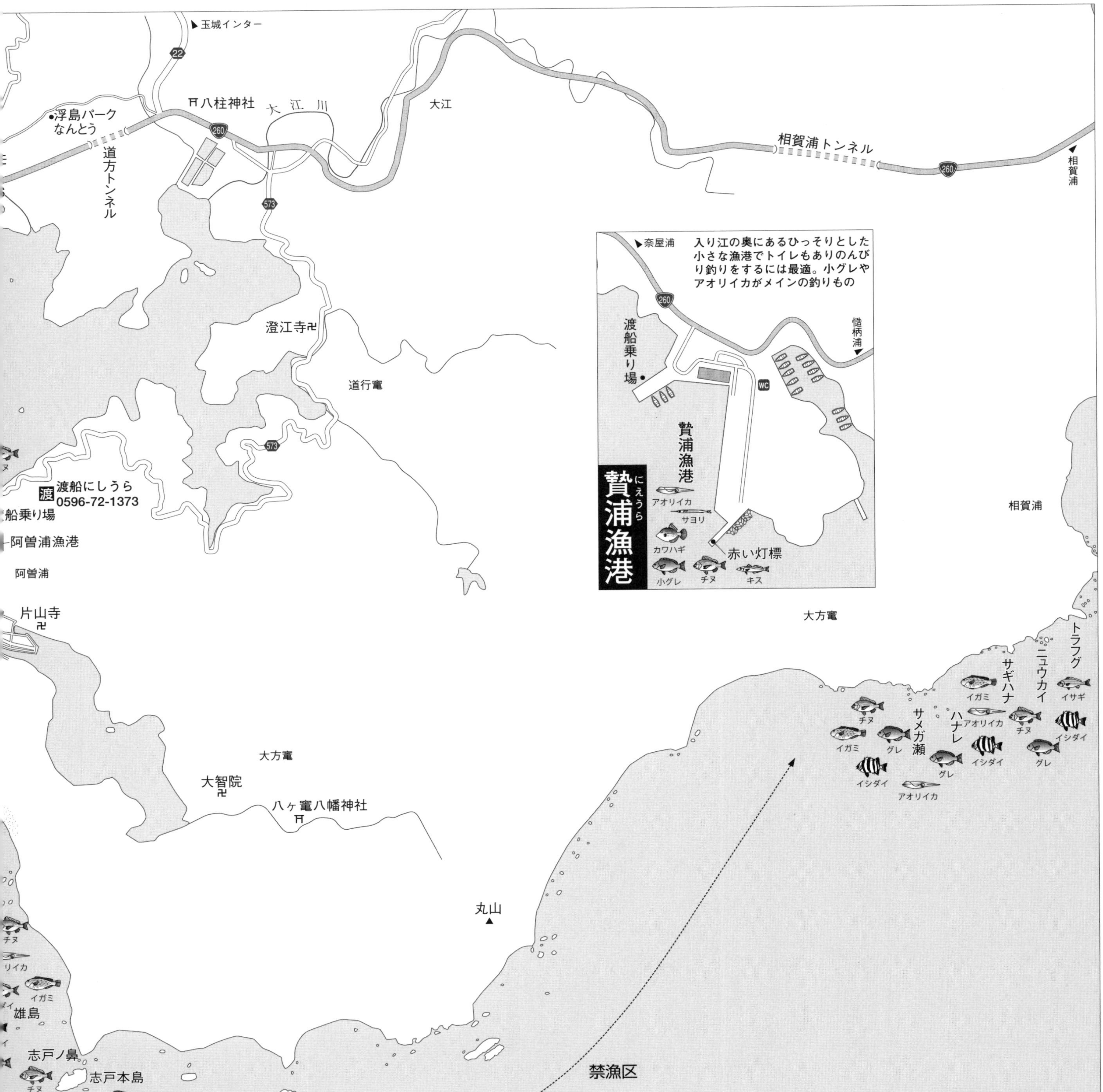
玉城インター
22
八柱神社
大江川
大江
浮島パーク
なんとう
260
道方トンネル
相賀浦トンネル
260
相賀浦
573
澄江寺
道行竈
573
渡船にしうら
0596-72-1373
船乗り場
阿曽浦漁港
阿曽浦
片山寺
大方竈
大智院
八ヶ竈八幡神社
丸山
入り江の奥にあるひっそりとした小さな漁港でトイレもありのんびり釣りをするには最適。小グレやアオリイカがメインの釣りもの
奈屋浦
260
慥柄浦
渡船乗り場
WC
贄浦漁港
贄浦《にえうら》漁港
アオリイカ
サヨリ
カワハギ
赤い灯標
小グレ
チヌ
キス
相賀浦
大方竈
トラフグ
ニュウカイ
サギハナ
ハナレ
サメガ瀬
イガミ
イサギ
チヌ
アオリイカ
チヌ
イシダイ
イガミ
グレ
グレ
イシダイ
グレ
イシダイ
アオリイカ
チヌ
アオリイカ
イガミ
雄島
志戸ノ鼻
チヌ
志戸本島
東のハナレ
西のハナレ
グレ
アオリイカ
イガミ
イシダイ
禁漁区

ゴクマ、イラソ、立島、雄島、志戸など内磯と
サメガ瀬、ニューカイ、トラフグなどの沖磯へは
阿曽浦漁港の渡船にしうら、とせん丸で渡る

阿曽浦の渡船区は大型のイシダイが釣れることで有名で7月から10月がシーズン。グレも良型が多く寒の時期に40cmオーバーがかなり釣れる。近年はアオリイカの人気も高く特に生きアジを磯に持って上がるヤエン釣りが盛ん。キロオーバーが高確率。地図にはないがトラフグより東のボーグイまでが渡船区でサメガ瀬～ボーグイは相賀浦との共同乗り入れ

熊野灘

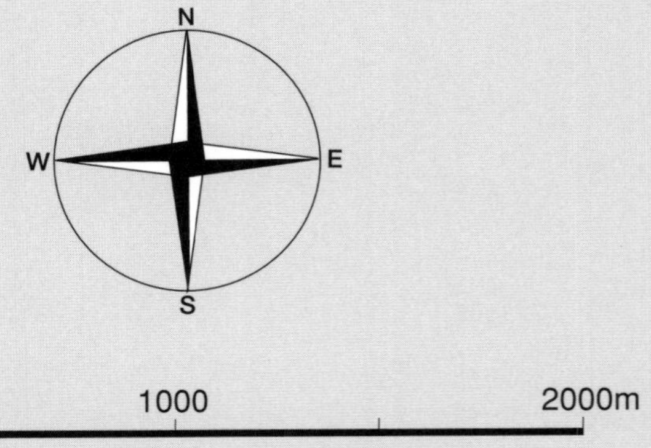
N
W
E
S
0
1000
2000m

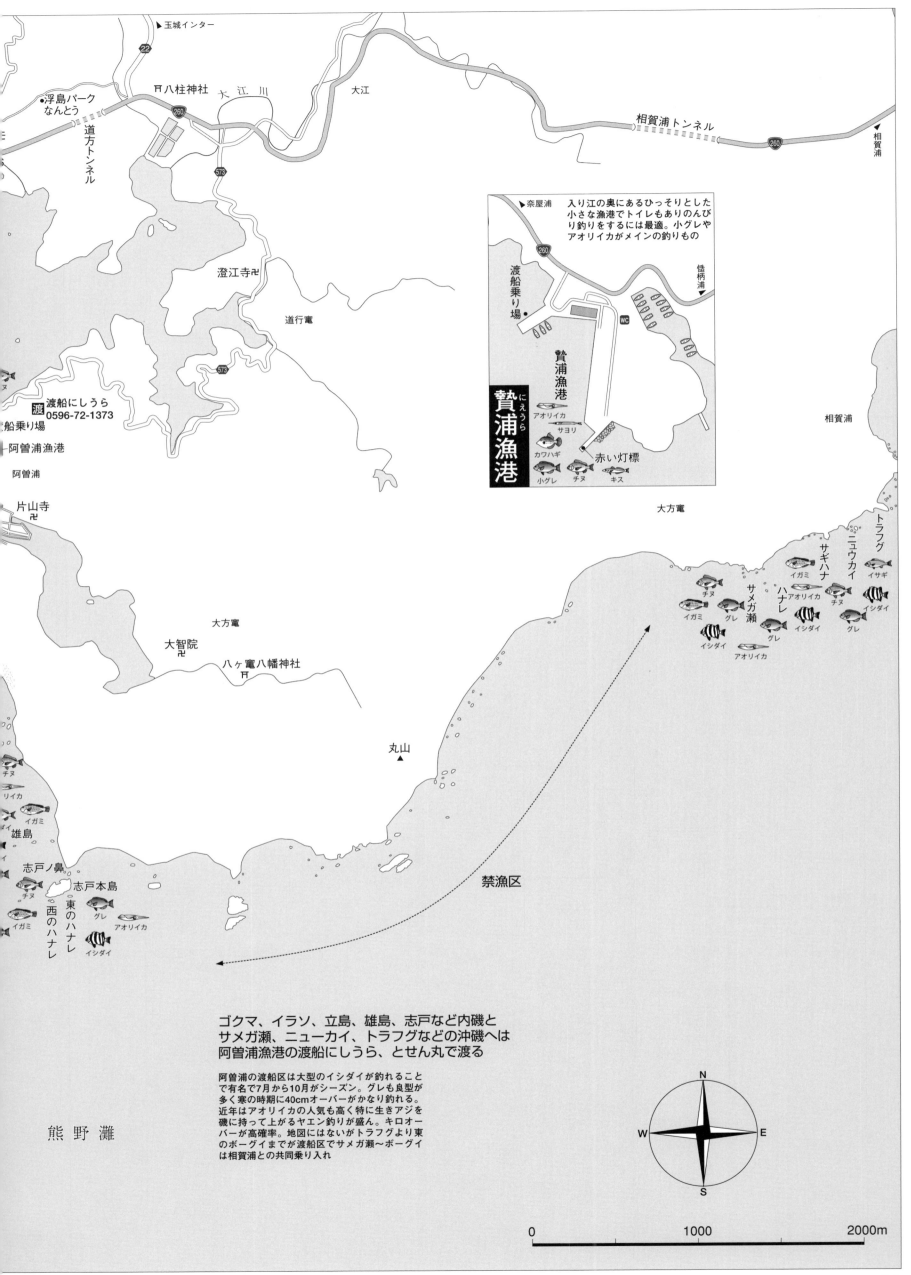

阿曽浦《あそうら》～奈屋浦《なやうら》

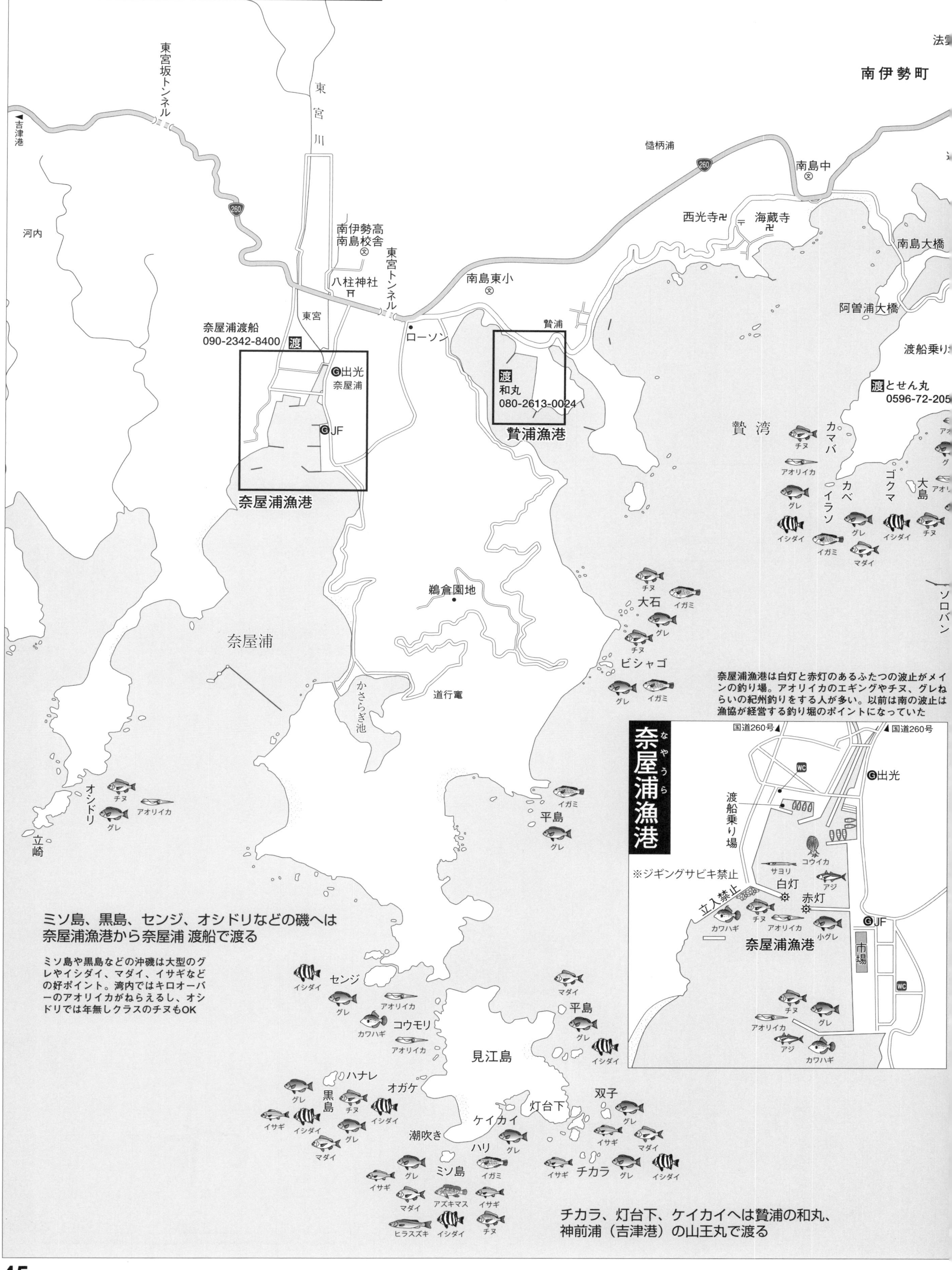

ミソ島、黒島、センジ、オシドリなどの磯へは奈屋浦漁港から奈屋浦 渡船で渡る

ミソ島や黒島などの沖磯は大型のグレやイシダイ、マダイ、イサギなどの好ポイント。湾内ではキロオーバーのアオリイカがねらえるし、オシドリでは年無しクラスのチヌもOK

奈屋浦漁港は白灯と赤灯のあるふたつの波止がメインの釣り場。アオリイカのエギングやチヌ、グレねらいの紀州釣りをする人が多い。以前は南の波止は漁協が経営する釣り堀のポイントになっていた

チカラ、灯台下、ケイカイへは贄浦の和丸、神前浦（吉津港）の山王丸で渡る

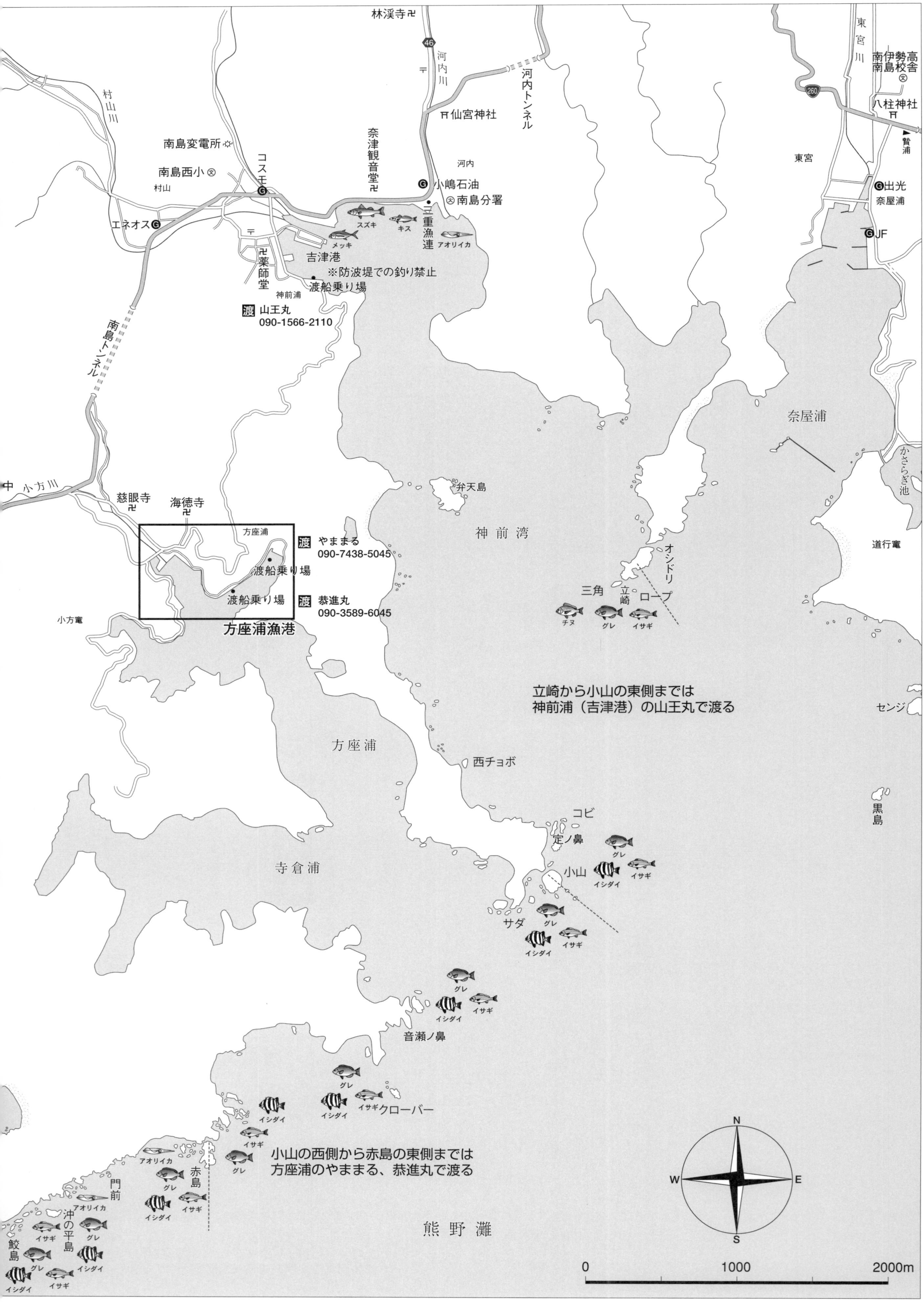
林渓寺
46
河内川
河内トンネル
東宮川
南伊勢高
南島校舎
260
八柱神社
贄浦
村山川
仙宮神社
奈津観音堂
南島変電所
南島西小
村山
コスモ
河内
小嶋石油
南島分署
東宮
出光
奈屋浦
JF
エネオス
スズキ
キス
メッキ
アオリイカ
三重漁連
吉津港
※防波堤での釣り禁止
渡船乗り場
薬師堂
神前浦
渡 山王丸
090-1566-2110
南島トンネル
奈屋浦
かさらぎ池
中
小方川
慈眼寺
海徳寺
弁天島
方座浦
渡 やままる
090-7438-5045
渡船乗り場
渡船乗り場
渡 恭進丸
090-3589-6045
神前湾
道行竈
オシドリ
三角
立崎
ロープ
チヌ
グレ
イサギ
小方竈
方座浦漁港
立崎から小山の東側までは
神前浦（吉津港）の山王丸で渡る
センジ
方座浦
西チョボ
黒島
コビ
定ノ鼻
グレ
小山
イシダイ
イサギ
寺倉浦
サダ
グレ
イシダイ
イサギ
グレ
イシダイ
イサギ
音瀬ノ鼻
グレ
イシダイ
イサギ
クローバー
イシダイ
イサギ
小山の西側から赤島の東側までは
方座浦のやままる、恭進丸で渡る
アオリイカ
グレ
赤島
門前
グレ
イシダイ
イサギ
アオリイカ
沖の平島
イサギ
グレ
鮫島
イシダイ
グレ
イシダイ
イサギ
イシダイ
熊野灘
N
W
E
S
0
1000
2000m

方座浦〜古和浦

※11〜3月は釣り禁止

方座浦漁港

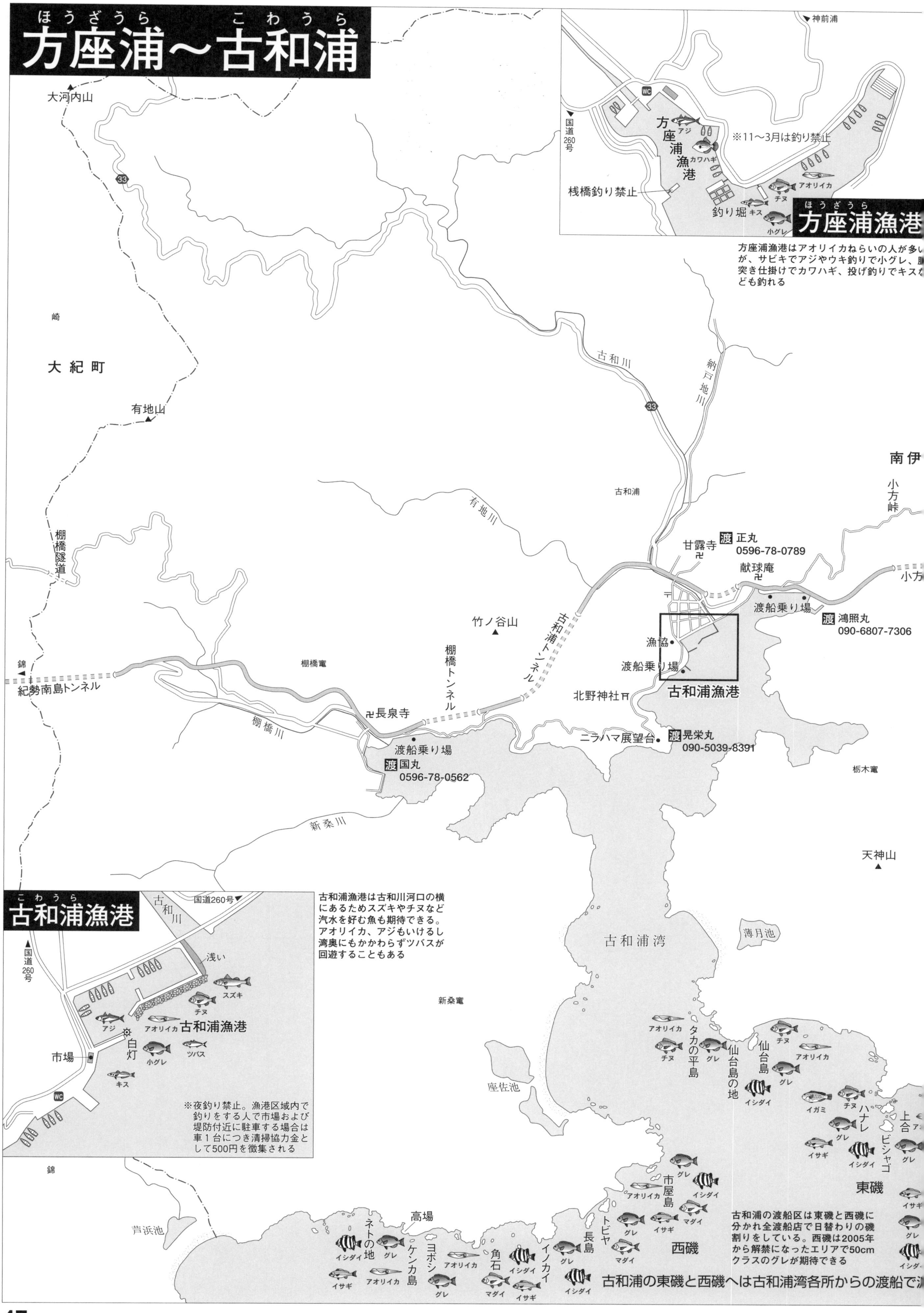

方座浦漁港はアオリイカねらいの人が多い が、サビキでアジやウキ釣りで小グレ、胴 突き仕掛けでカワハギ、投げ釣りでキスな ども釣れる

桟橋釣り禁止

渡 正丸 0596-78-0789

渡 鴻照丸 090-6807-7306

渡 晃栄丸 090-5039-8391

渡 国丸 0596-78-0562

古和浦漁港

古和浦漁港は古和川河口の横 にあるためスズキやチヌなど 汽水を好む魚も期待できる。 アオリイカ、アジもいけるし 湾奥にもかかわらずツバスが 回遊することもある

※夜釣り禁止。漁港区域内で 釣りをする人で市場および 堤防付近に駐車する場合は 車1台につき清掃協力金と して500円を徴集される

古和浦の渡船区は東磯と西磯に 分かれ全渡船店で日替わりの磯 割りをしている。西磯は2005年 から解禁になったエリアで50cm クラスのグレが期待できる

古和浦の東磯と西磯へは古和浦湾各所からの渡船で渡

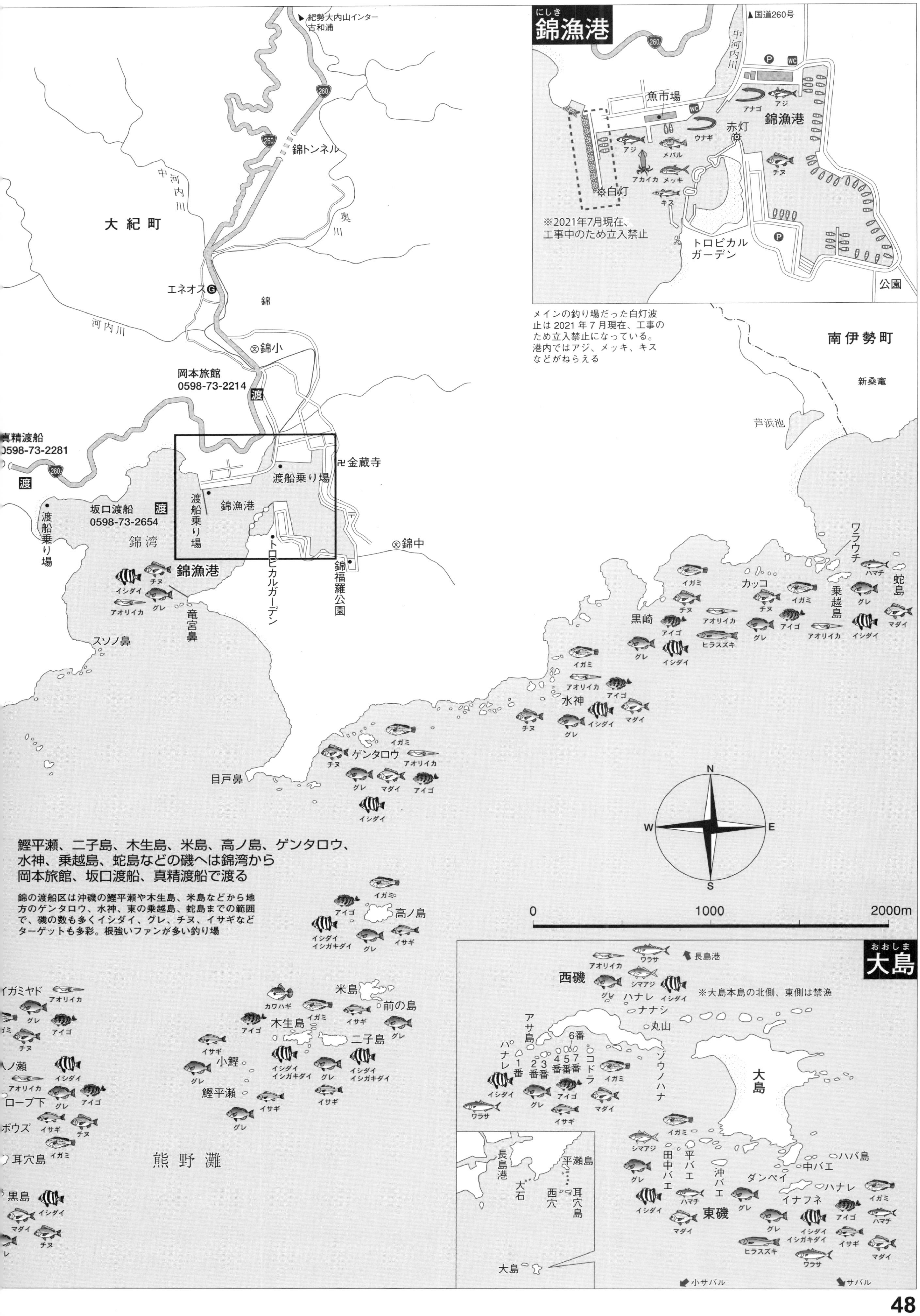
錦《にしき》漁港
国道260号
中河内川
魚市場
アナゴ
アジ
錦漁港
赤灯
ウナギ
メバル
アカイカ
メッキ
キス
白灯
チヌ
※2021年7月現在、工事中のため立入禁止
トロピカルガーデン
公園
紀勢大内山インター
古和浦
錦トンネル
中河内川
大紀町
奥川
エネオス
錦
河内川
錦小
岡本旅館
0598-73-2214
渡
真精渡船
0598-73-2281
渡
金蔵寺
渡船乗り場
渡船乗り場
錦漁港
坂口渡船
0598-73-2654
渡
渡船乗り場
錦湾
トロピカルガーデン
錦中
錦福羅公園
錦漁港
イシダイ
チヌ
グレ
アオリイカ
竜宮鼻
スソノ鼻
南伊勢町
新桑竈
芦浜池
ワラウチ
ハマチ
蛇島
カッコ
イガミ
乗越島
グレ
マダイ
黒崎
チヌ
アイゴ
アオリイカ
ヒラスズキ
イシダイ
水神
マダイ
ゲンタロウ
目戸鼻
N
W
E
S
0
1000
2000m
高ノ島
イシダイ
イシガキダイ
イサギ
カワハギ
米島
前の島
木生島
二子島
小鰹
鰹平瀬
イガミヤド
ロープ下
ボウズ
耳穴島
黒島
熊野灘
大島《おおしま》
長島港
西磯
ワラサ
シマアジ
ハナレ
ナナシ
丸山
アサ島
6番
ハナレ
1番
2番
3番
4番
5番
7番
コドラ
ゾウノハナ
大島
※大島本島の北側、東側は禁漁
長島港
大石
西穴
平瀬島
耳穴島
大島
田中バエ
平バエ
沖バエ
ダンペイ
中バエ
ハバ島
ハナレ
イナフネ
東磯
ハマチ
ヒラスズキ
小サバル
サバル

メインの釣り場だった白灯波止は2021年7月現在、工事のため立入禁止になっている。港内ではアジ、メッキ、キスなどがねらえる

鰹平瀬、二子島、木生島、米島、高ノ島、ゲンタロウ、水神、乗越島、蛇島などの磯へは錦湾から岡本旅館、坂口渡船、真精渡船で渡る

錦の渡船区は沖磯の鰹平瀬や木生島、米島などから地方のゲンタロウ、水神、東の乗越島、蛇島までの範囲で、磯の数も多くイシダイ、グレ、チヌ、イサギなどターゲットも多彩。根強いファンが多い釣り場

錦《にしき》〜紀伊長島《きいながしま》

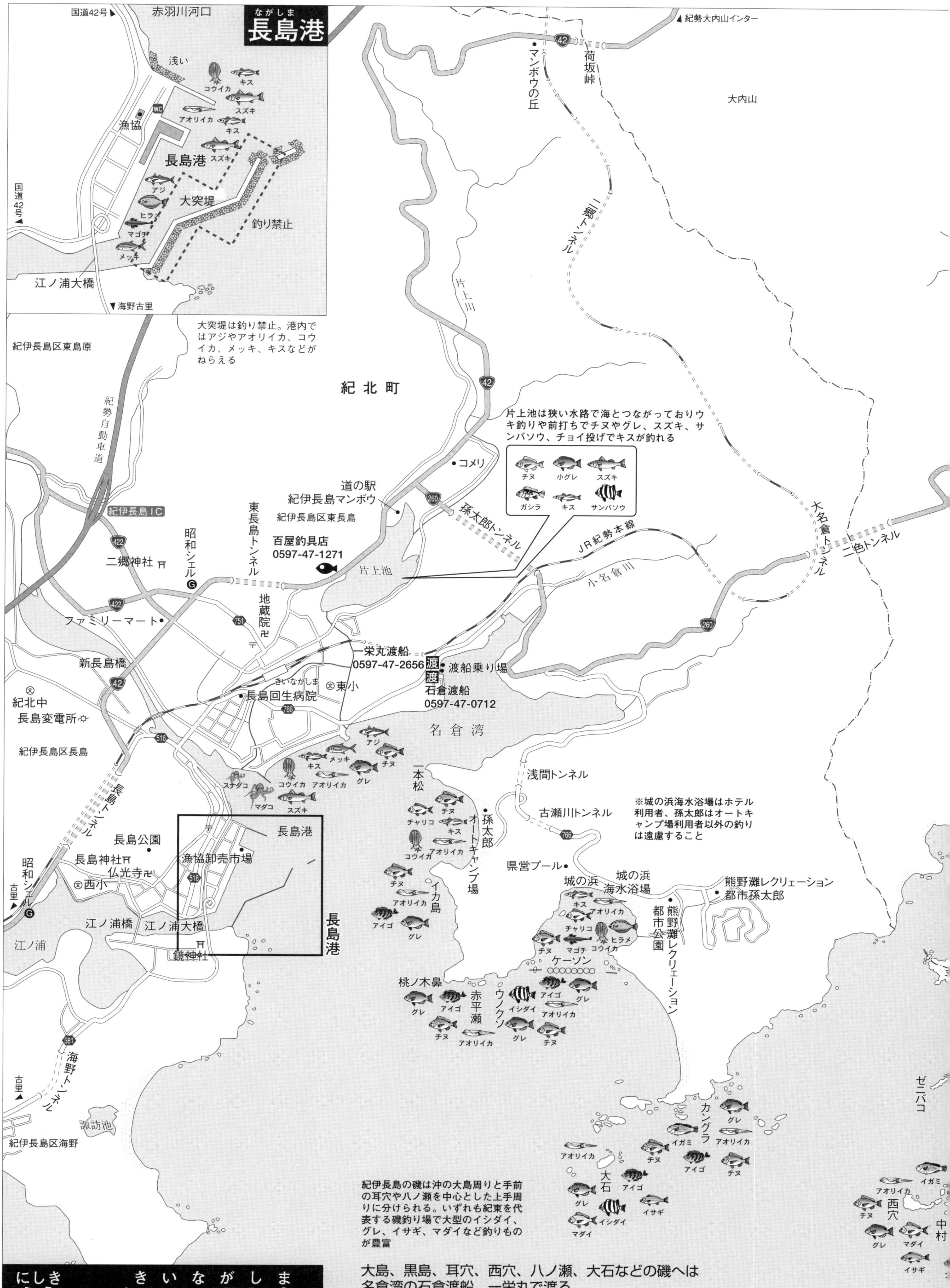

長島港《ながしま》
国道42号
赤羽川河口
浅い
コウイカ
キス
スズキ
アオリイカ
漁協
WC
長島港
アジ
ヒラメ
マゴチ
メッキ
大突堤
釣り禁止
国道42号
江ノ浦大橋
海野古里
大突堤は釣り禁止。港内ではアジやアオリイカ、コウイカ、メッキ、キスなどがねらえる
紀伊長島区東島原
紀北町
紀勢自動車道
紀伊長島IC
二郷神社
昭和シェル
東長島トンネル
百屋釣具店
0597-47-1271
道の駅
紀伊長島マンボウ
紀伊長島区東島
コメリ
孫太郎トンネル
片上池
地蔵院
ファミリーマート
新長島橋
紀北中
長島変電所
紀伊長島区長島
一栄丸渡船
0597-47-2656
渡船乗り場
石倉渡船
0597-47-0712
東小
長島回生病院
名倉湾
アジ
チヌ
キス
メッキ
グレ
スナダコ
コウイカ
アオリイカ
マダコ
スズキ
長島トンネル
昭和シェル
古里
長島公園
長島神社
仏光寺
西小
漁協卸売市場
長島港
江ノ浦橋
江ノ浦大橋
江ノ浦
鏡神社
長島港
海野トンネル
古里
諏訪池
紀伊長島区海野
一本松
チヌ
チャリコ
キス
コウイカ
アオリイカ
チヌ
イカ島
アオリイカ
アイゴ
グレ
孫太郎オートキャンプ場
浅間トンネル
古瀬川トンネル
県営プール
城の浜
城の浜海水浴場
キス
アオリイカ
チャリコ
ヒラメ
チヌ
マゴチ
コウイカ
ケーソン
熊野灘レクリエーション都市公園
熊野灘レクリエーション都市孫太郎
※城の浜海水浴場はホテル利用者、孫太郎はオートキャンプ場利用者以外の釣りは遠慮すること
桃ノ木鼻
赤平瀬
ウノクソ
グレ
アイゴ
イシダイ
アイゴ
グレ
チヌ
アオリイカ
アオリイカ
グレ
チヌ
マンボウの丘
国道42号
荷坂峠
紀勢大内山インター
大内山
二郷トンネル
片上川
片上池は狭い水路で海とつながっておりウキ釣りや前打ちでチヌやグレ、スズキ、サンバソウ、チョイ投げでキスが釣れる
チヌ
小グレ
スズキ
ガシラ
キス
サンバソウ
JR紀勢本線
小名倉川
大名倉トンネル
二色トンネル
カングラ
グレ
アオリイカ
イガミ
チヌ
アイゴ
チヌ
アオリイカ
大石
アイゴ
グレ
イシダイ
イサギ
マダイ
紀伊長島の磯は沖の大島周りと手前の耳穴や八ノ瀬を中心とした上手周りに分けられる。いずれも紀東を代表する磯釣り場で大型のイシダイ、グレ、イサギ、マダイなど釣りものが豊富
ゼニバコ
イガミ
アオリイカ
チヌ
西穴
グレ
マダイ
イサギ
中村

大島、黒島、耳穴、西穴、八ノ瀬、大石などの磯へは名倉湾の石倉渡船、一栄丸で渡る

紀勢大内山インター
昭和シェル
江ノ浦
渡船乗り場
垣内渡船
0597-49-3446
江ノ浦橋
江ノ浦大橋
鏡神社
長島造船
ファミリーマート
42
581
紀伊長島区長島
JR紀勢本線
江の浦トンネル
紀伊長島区海野
海野トンネル
海野小
随泉寺
諏訪池
チヌ
キス
チャリコ
海野漁港
キス
チャリコ
チヌ
チャリコ
キス
チヌ
きいながしま古里温泉
比幾海岸
オートキャンプ場
古里海岸
キャンプ場
古里
海水浴場
比幾海岸海水浴場
名古崎
チャリコ
キス
チヌ
チャリコ
キス
チヌ
キス
亀島
グレ
チヌ
サンガズロ
大エスキ
ハナレ
小エスキ
マダイ
チヌ
イガミ
マダイ
グレ
イシダイ
イサギ
グレ
アオリイカ
天楽
オバマエ
チヌ
コゲツケ
グレ
アオリイカ
アオリイカ
オビトリ
チヌ
カツマ
チヌ
アオリイカ
イシダイ
イシダイ
アオリイカ
グレ
ババ島
グレ
チヌ
松崎
チヌ
アト島
丸山島
赤野島
グレ
イガミ
キレト
カワハギ
イサギ
マダイ
グレ
大島出し
カワハギ
イガミ
イガミ
黒岩
イシダイ
ボーグイ
ワラサ
イサギ
マダイ
イサギ
平島
オケ島
イシダイ
ワラサ
グレ
熊野灘
チヌ
ハナレ
イサギ
鈴島
コテ
イシダイ
グレ
イガミ
ビシャゴ大島
アイゴ
アオリイカ
マダイ
小島
ビシャゴ小島
イシダイ
マッキリ
イガミ
グレ
アオリイカ
アイゴ
イサギ
マダイ
チヌ
N
W
E
S
0
500
1000m

大エスキ〜赤野島の磯へは江ノ浦港から垣内渡船、海野漁港から紀東丸渡船で渡る

紀伊長島渡船区のかげに隠れて比較的釣り人が少なくのんびり楽しめるのが特徴。グレは中小型の数釣りが中心、チヌは年無しクラスが釣れる。近年はアオリイカねらいの人が多く、生きアジでヤエン釣り、エギングでキロオーバーをねらっている

海野《かいの》〜三浦《みうら》

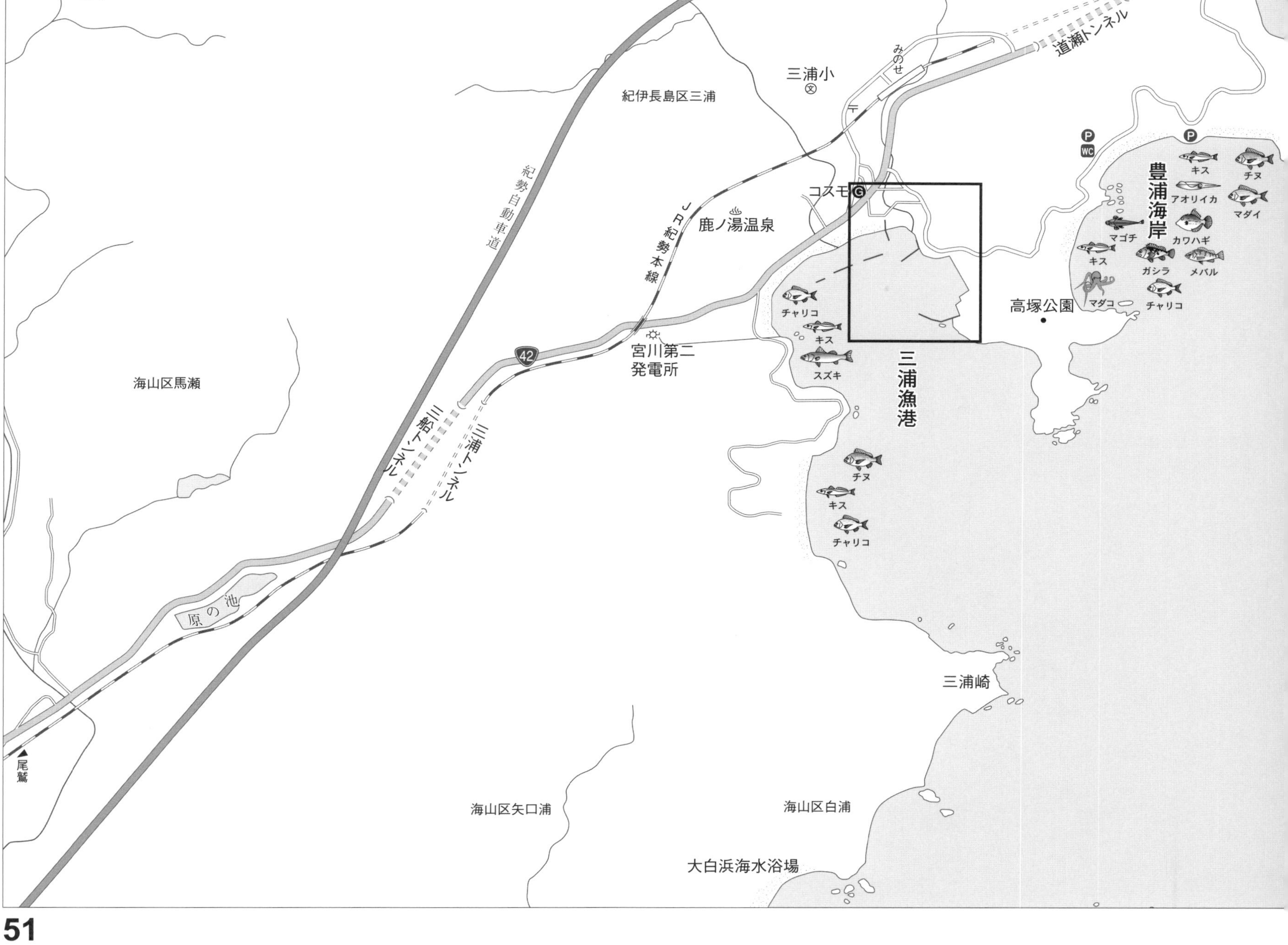
751
三戸川
紀伊長島区島原
三浦谷
紀伊長島区道瀬
紀北町
42
大瀬川
道瀬トンネル
みのせ
三浦小
紀伊長島区三浦
紀勢自動車道
JR紀勢本線
鹿ノ湯温泉
コスモ
豊浦海岸
キス
チヌ
アオリイカ
マダイ
マゴチ
カワハギ
キス
ガシラ
メバル
マダコ
チャリコ
高塚公園
チャリコ
キス
スズキ
三浦漁港
宮川第二
発電所
42
海山区馬瀬
三船トンネル
三浦トンネル
チヌ
キス
チャリコ
原の池
尾鷲
三浦崎
海山区矢口浦
海山区白浦
大白浜海水浴場

三浦《みうら》漁港

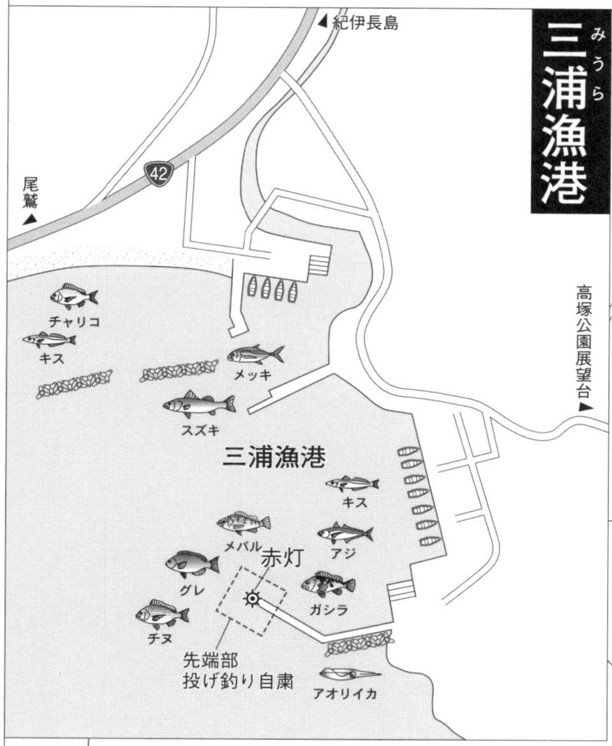
紀伊長島
尾鷲
42
高塚公園展望台
チャリコ
キス
メッキ
スズキ
三浦漁港
キス
メバル
アジ
赤灯
グレ
ガシラ
チヌ
先端部
投げ釣り自粛
アオリイカ

三浦漁港は赤灯のある波止がメインとなるが先端部は投げ釣りを自粛してほしい旨の注意書きがあるので注意。フカセ釣りでチヌやグレ、餌木でアオリイカ、港内はアジも釣れる

海野《かいの》漁港

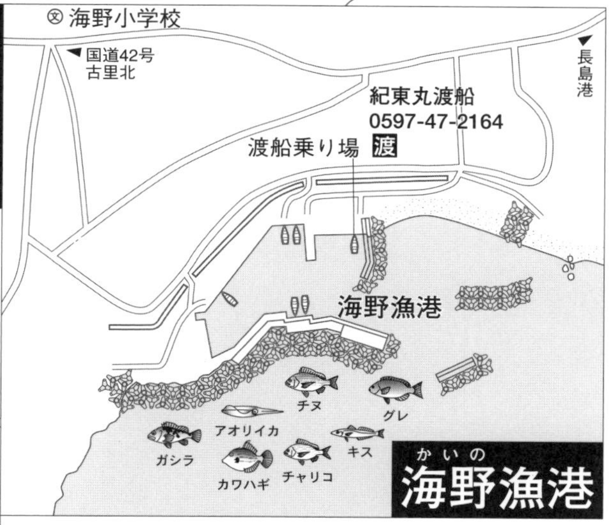
海野小学校
国道42号
古里北
長島港
紀東丸渡船
0597-47-2164
渡船乗り場 渡
海野漁港
チヌ
グレ
アオリイカ
キス
ガシラ
カワハギ
チャリコ

海野漁港は近年、アオリイカねらいのエギングファンが非常に多い。フカセ釣りでチヌやグレ、投げ釣りでキスねらいも面白い。テトラからの釣りになるので足下にはご用心

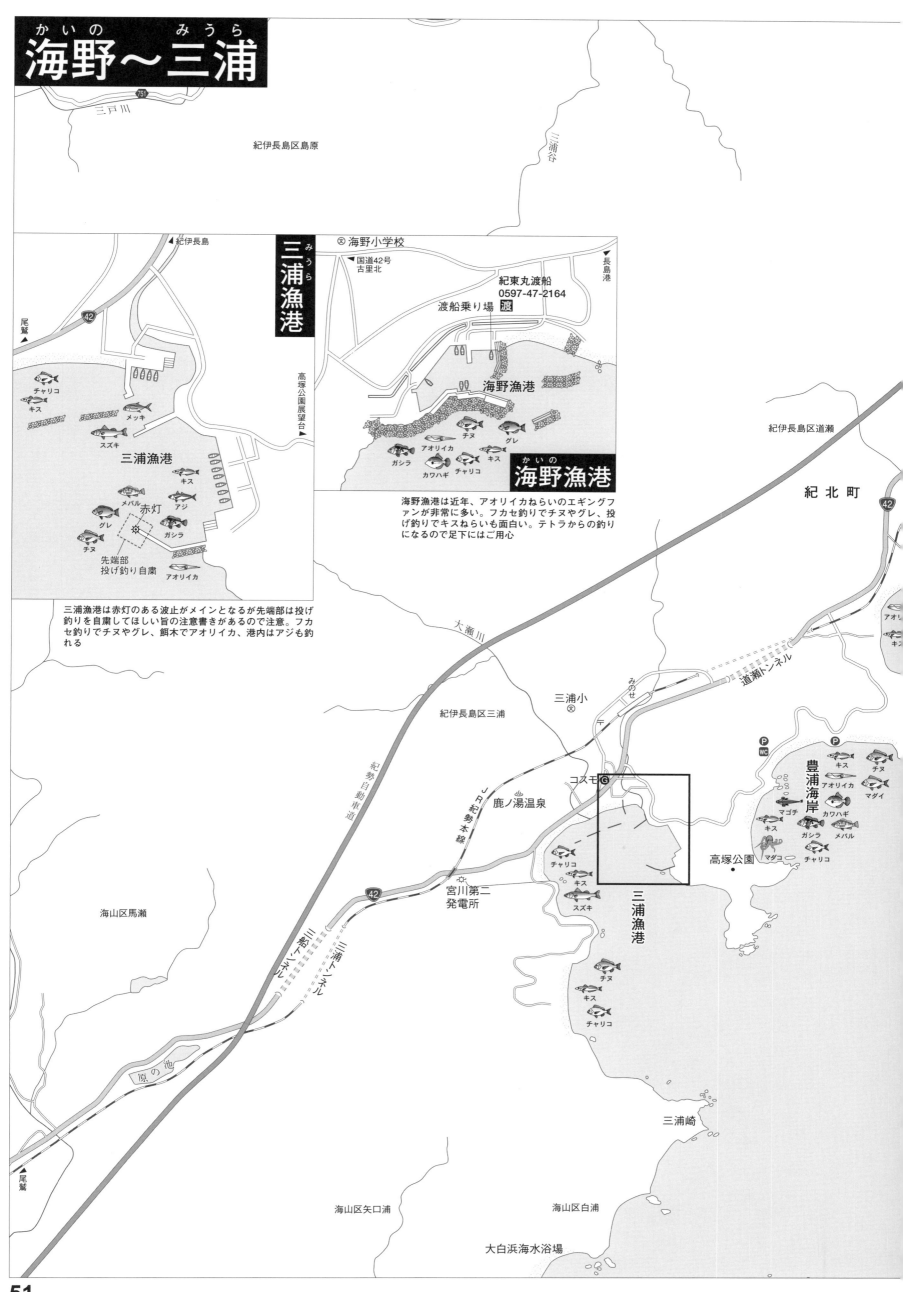

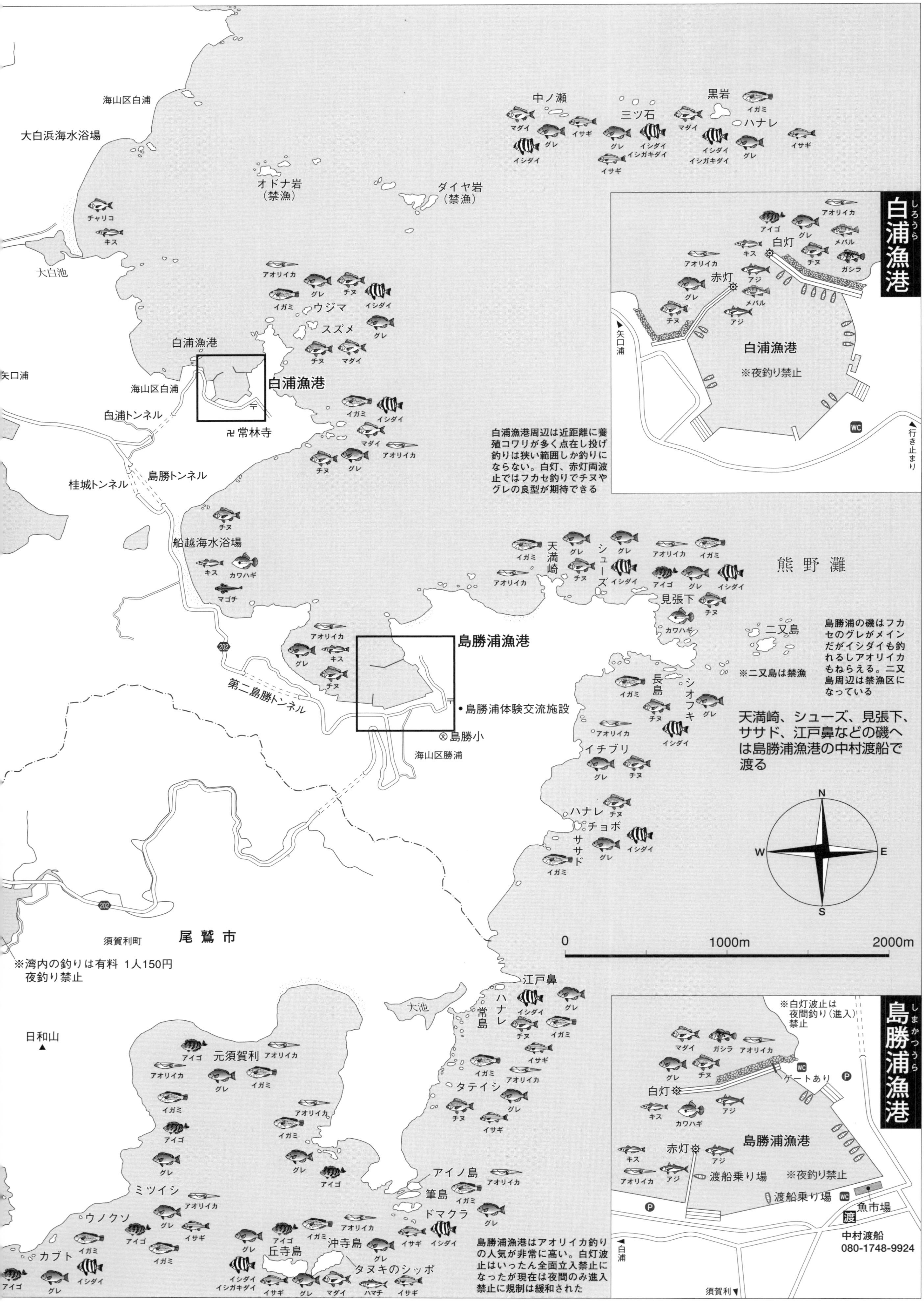

白浦《しろうら》漁港
島勝浦《しまかつうら》漁港
海山区白浦
大白浜海水浴場
大白池
中ノ瀬
三ツ石
黒岩
ハナレ
オドナ岩
（禁漁）
ダイヤ岩
（禁漁）
ウジマ
スズメ
白浦漁港
矢口浦
海山区白浦
白浦トンネル
常林寺
島勝トンネル
桂城トンネル
船越海水浴場
白灯
赤灯
※夜釣り禁止
行き止まり
白浦漁港周辺は近距離に養殖コワリが多く点在し投げ釣りは狭い範囲しか釣りにならない。白灯、赤灯両波止ではフカセ釣りでチヌやグレの良型が期待できる
天満崎
シューズ
熊野灘
見張下
二又島
※二又島は禁漁
島勝浦の磯はフカセのグレがメインだがイシダイも釣れるしアオリイカもねらえる。二又島周辺は禁漁区になっている
長島
シオフキ
イチブリ
天満崎、シューズ、見張下、ササド、江戸鼻などの磯へは島勝浦漁港の中村渡船で渡る
第二島勝トンネル
島勝浦体験交流施設
島勝小
海山区勝浦
ハナレ
チョボ
ササド
尾鷲市
須賀利町
※湾内の釣りは有料 1人150円
夜釣り禁止
0
1000m
2000m
N
E
S
W
江戸鼻
ハナレ
常島
大池
日和山
元須賀利
タテイシ
ミツイシ
ウノクソ
カブト
アイノ島
筆島
ドマクラ
丘寺島
沖寺島
タヌキのシッポ
島勝浦漁港はアオリイカ釣りの人気が非常に高い。白灯波止はいったん全面立入禁止になったが現在は夜間のみ進入禁止に規制は緩和された
※白灯波止は夜間釣り（進入）禁止
ゲートあり
白灯
赤灯
島勝浦漁港
渡船乗り場
※夜釣り禁止
渡船乗り場
魚市場
中村渡船
080-1748-9924
白浦
須賀利

白浦《しろうら》〜引本《ひきもと》

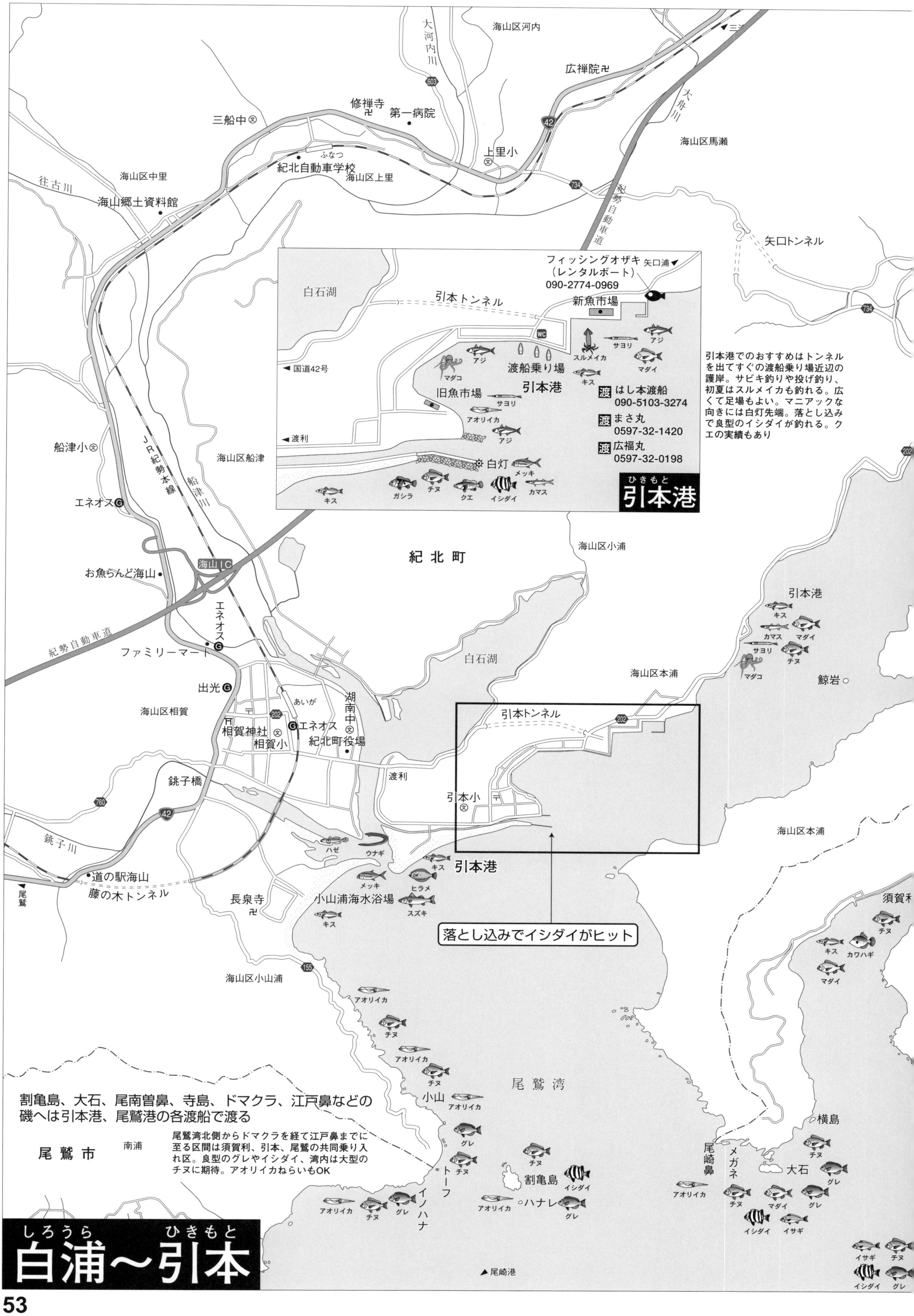
海山区河内
大河内川
広禅院
三
修禅寺
第一病院
三船中
大舟川
海山区馬瀬
ふなつ
紀北自動車学校
上里小
海山区中里
海山区上里
往古川
海山郷土資料館
紀勢自動車道
矢口トンネル
フィッシングオザキ
（レンタルボート）
090-2774-0969
矢口浦
白石湖
引本トンネル
新魚市場
WC
アジ
サヨリ
スルメイカ
マダイ
マダコ
国道42号
渡船乗り場
キス
引本港
旧魚市場
サヨリ
アオリイカ
アジ
渡 はし本渡船
090-5103-3274
渡 まさ丸
0597-32-1420
渡 広福丸
0597-32-0198
渡利
白灯
メッキ
ガシラ
チヌ
クエ
イシダイ
カマス
引本《ひきもと》港
引本港でのおすすめはトンネルを出てすぐの渡船乗り場近辺の護岸。サビキ釣りや投げ釣り、初夏はスルメイカも釣れる。広くて足場もよい。マニアックな向きには白灯先端。落とし込みで良型のイシダイが釣れる。クエの実績もあり
船津小
海山区船津
JR紀勢本線
船津川
エネオス
紀北町
海山区小浦
海山IC
お魚らんど海山
エネオス
ファミリーマート
白石湖
引本港
キス
カマス
マダイ
サヨリ
チヌ
マダコ
鯨岩
出光
海山区本浦
海山区相賀
あいが
湖南中
相賀神社
相賀小
エネオス
紀北町役場
引本トンネル
銚子橋
渡利
引本小
銚子川
ハゼ
ウナギ
キス
引本港
道の駅海山
藤の木トンネル
尾鷲
メッキ
ヒラメ
長泉寺
小山浦海水浴場
スズキ
須賀利
落とし込みでイシダイがヒット
チヌ
キス
カワハギ
マダイ
海山区小山浦
アオリイカ
チヌ
アオリイカ
チヌ
尾鷲湾
小山
アオリイカ
横島
割亀島、大石、尾南曽鼻、寺島、ドマクラ、江戸鼻などの磯へは引本港、尾鷲港の各渡船で渡る
尾鷲湾北側からドマクラを経て江戸鼻までに至る区間は須賀利、引本、尾鷲の共同乗り入れ区。良型のグレやイシダイ、湾内は大型のチヌに期待。アオリイカねらいもOK
尾鷲市
南浦
グレ
チヌ
トーフ
チヌ
割亀島
イシダイ
尾崎鼻
メガネ
チヌ
大石
グレ
イノハナ
アオリイカ
チヌ
グレ
アオリイカ
ハナレ
グレ
アオリイカ
チヌ
マダイ
グレ
イシダイ
イサギ
尾崎港
イサギ
チヌ
イシダイ
グレ

尾鷲港《おわせ》

尾鷲湾の一番奥に位置する尾鷲港は紀東エリア最大の港で水深もあるため釣りのターゲットも豊富。グレやチヌ、イシダイなど磯魚は沖が荒れたときほど良型が釣れる。天満の赤灯波止は以前、夜釣りでクエもねらっていたほど。一文字へは磯釣りの渡船で渡してもらえる

桃頭島、佐波留島、投石、割亀島、小山などの磯へは尾鷲港、引本港の各渡船で渡る

尾鷲湾の磯は台風直撃でもない限りどこかでサオを振れる全天候型の磯釣り場。湾の外も含めイシダイ、グレ、チヌ、アオリイカなど一年を通じて安定した釣果が得られるため人気も高い。渡船店によって湾外の北方面、南方面と得意のエリアがあるので要問い合わせ。尾鷲の渡船区はこの地図にはないが南の九木崎の手前まで

行野浦漁港《ゆくのうら》

尾鷲湾口に近い行野浦漁港は年間を通じてアオリイカがねらえるポイント。ヤエン、餌木ともにOK。春先はフカセ、初夏から秋は紀州釣りでチヌの実績も高い。宮島の磯場はイガミの好ポイントだが山の上から崖を下りなければならないので充分に注意すること

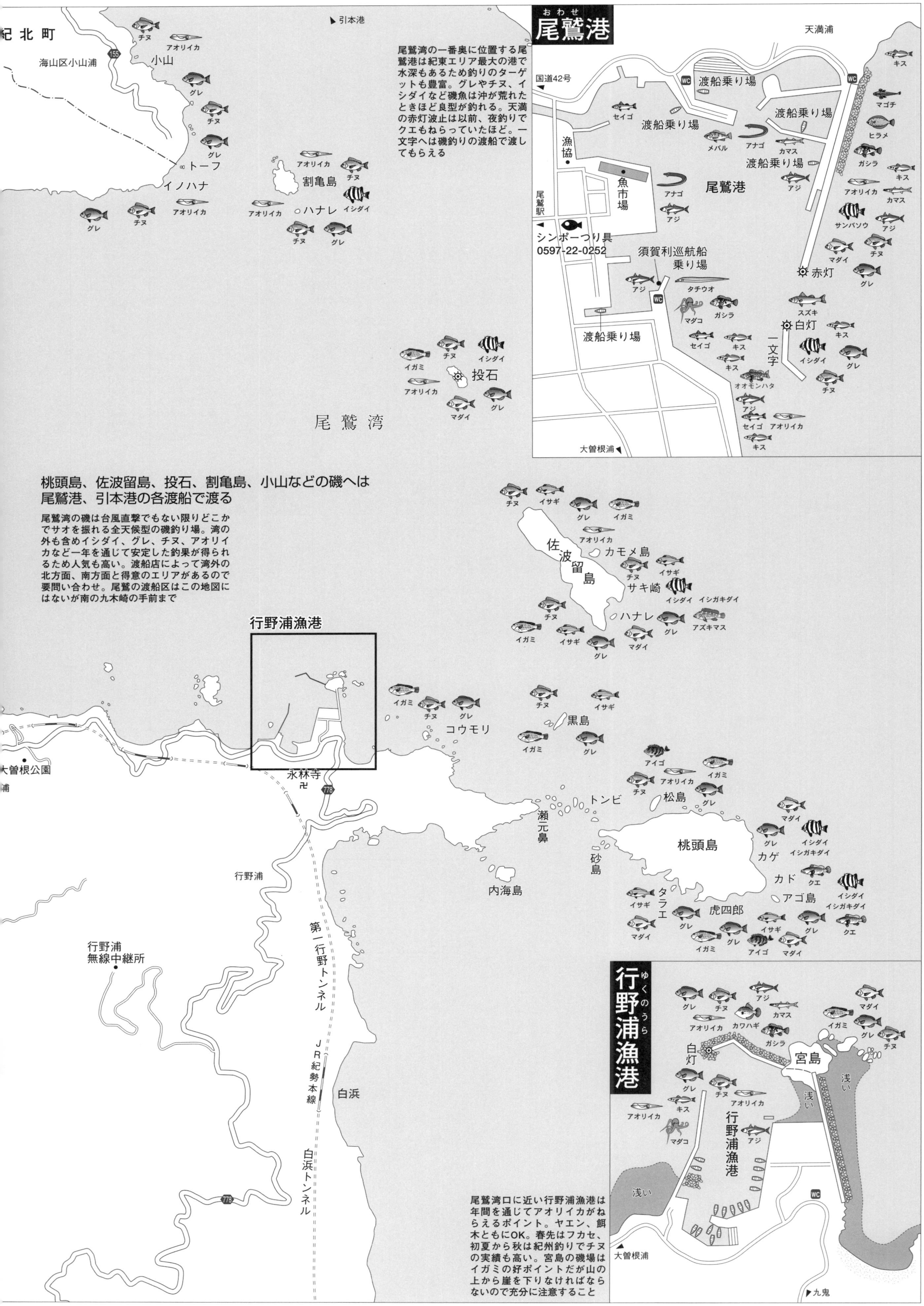

紀北町
海山区小山浦
引本港
小山
トーフ
イノハナ
割亀島
ハナレ
投石
尾鷲湾
天満浦
国道42号
渡船乗り場
漁協
魚市場
尾鷲駅
尾鷲港
シンポーつり具
0597-22-0252
須賀利巡航船乗り場
赤灯
白灯
一文字
大曽根浦
佐波留島
カモメ島
サキ崎
ハナレ
行野浦漁港
黒島
コウモリ
大曽根公園
永林寺
トンビ
松島
瀬元鼻
砂島
桃頭島
カゲ
カド
アゴ島
タラエ
虎四郎
内海島
行野浦
行野浦
無線中継所
第一行野トンネル
JR紀勢本線
白浜
白浜トンネル
宮島
白灯
浅い
大曽根浦
九鬼
チヌ
アオリイカ
グレ
イシダイ
マダイ
イガミ
イサギ
イシガキダイ
アズキマス
アイゴ
クエ
セイゴ
メバル
アナゴ
カマス
アジ
キス
マゴチ
ヒラメ
ガシラ
サンバソウ
スズキ
タチウオ
マダコ
オオモンハタ
カワハギ

尾鷲《おわせ》湾周辺

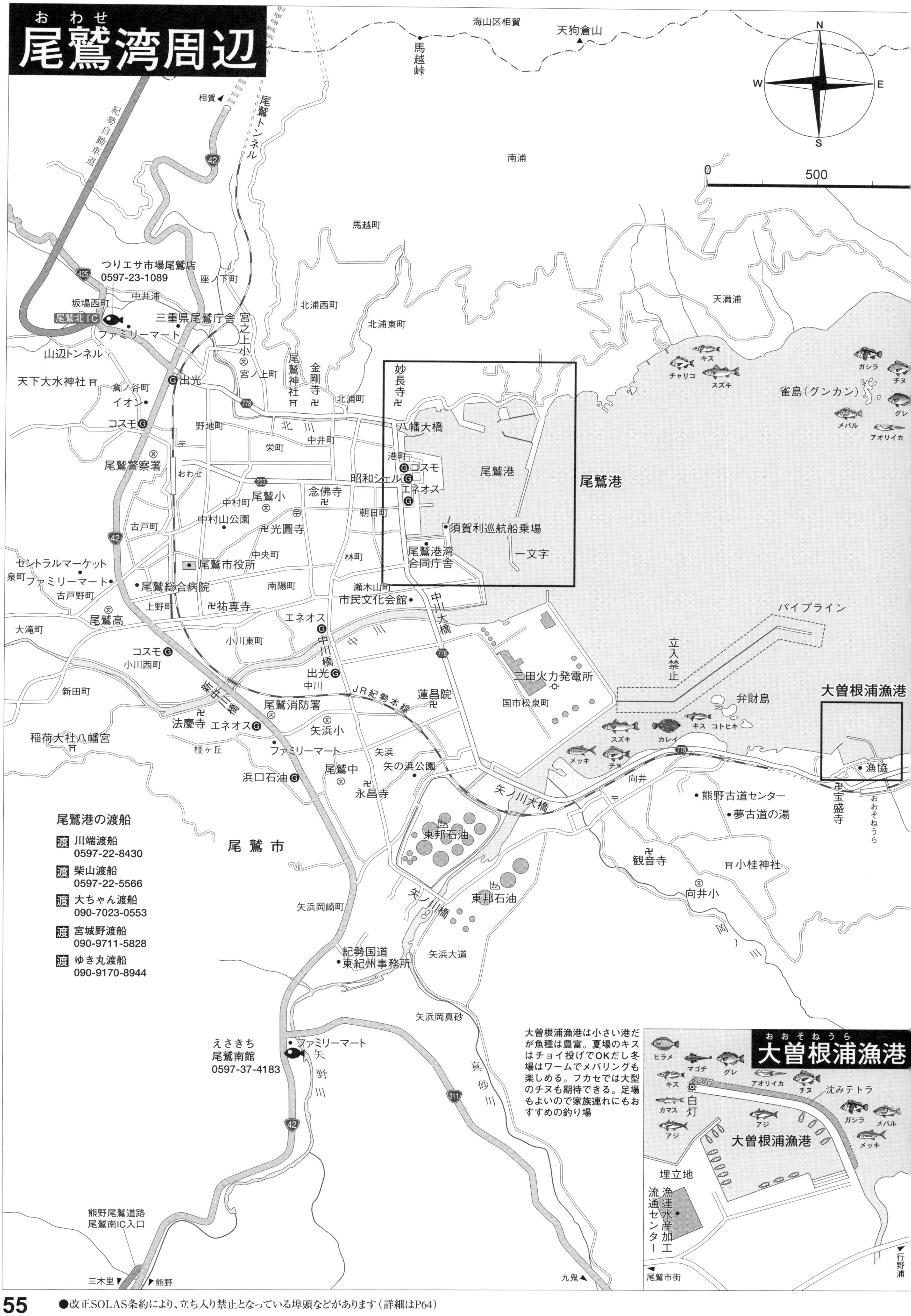

●改正SOLAS条約により、立ち入り禁止となっている埠頭などがあります（詳細はP64）

九《く》鬼《き》〜三木《みき》里《さと》

立神周辺の磯へは尾鷲港の各渡船で渡る

尾鷲渡船区ではもっとも南に位置する上磯と呼ばれているエリアで、ほとんど地磯でありながら潮通しがよくグレ、イシダイなどの好ポイントとなっている

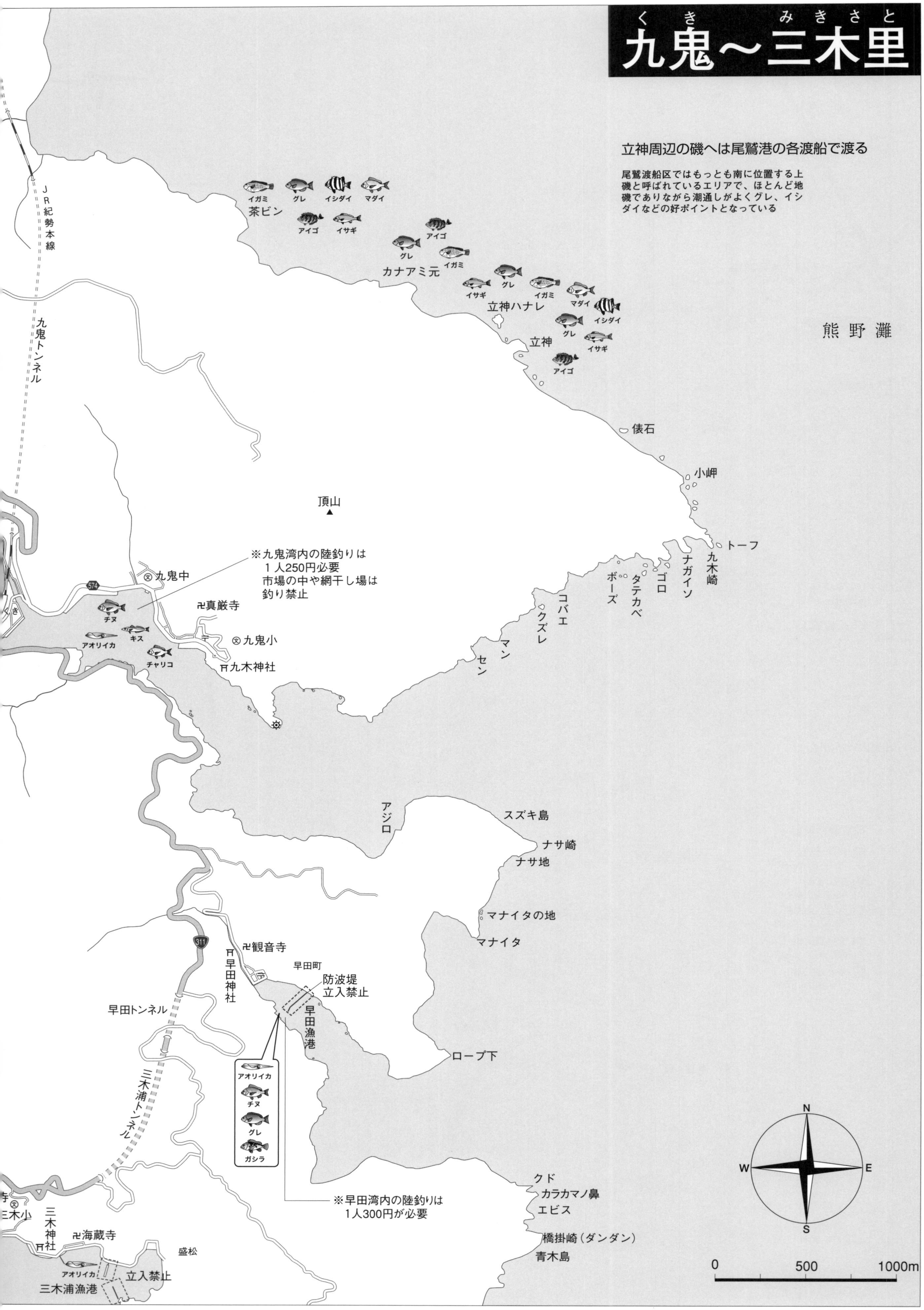

熊野灘
茶ビン
イガミ
グレ
イシダイ
マダイ
アイゴ
イサギ
カナアミ元
立神ハナレ
立神
俵石
小岬
トーフ
九木崎
ナガイソ
ゴロ
タテカベ
ボーズ
コバエ
クズレ
マン
セン
頂山
JR紀勢本線
九鬼トンネル
574
⊗九鬼中
※九鬼湾内の陸釣りは
1人250円必要
市場の中や網干し場は
釣り禁止
卍真巌寺
⊗九鬼小
⛩九木神社
チヌ
キス
アオリイカ
チャリコ
くき
アジロ
スズキ島
ナサ崎
ナサ地
マナイタの地
マナイタ
311
卍観音寺
早田神社
早田町
防波堤
立入禁止
早田漁港
早田トンネル
ロープ下
アオリイカ
チヌ
グレ
ガシラ
※早田湾内の陸釣りは
1人300円が必要
三木浦トンネル
クド
カラカマノ鼻
エビス
橋掛崎（ダンダン）
青木島
寺
⊗三木小
三木神社
卍海蔵寺
盛松
アオリイカ
立入禁止
三木浦漁港
N
S
W
E
0
500
1000m

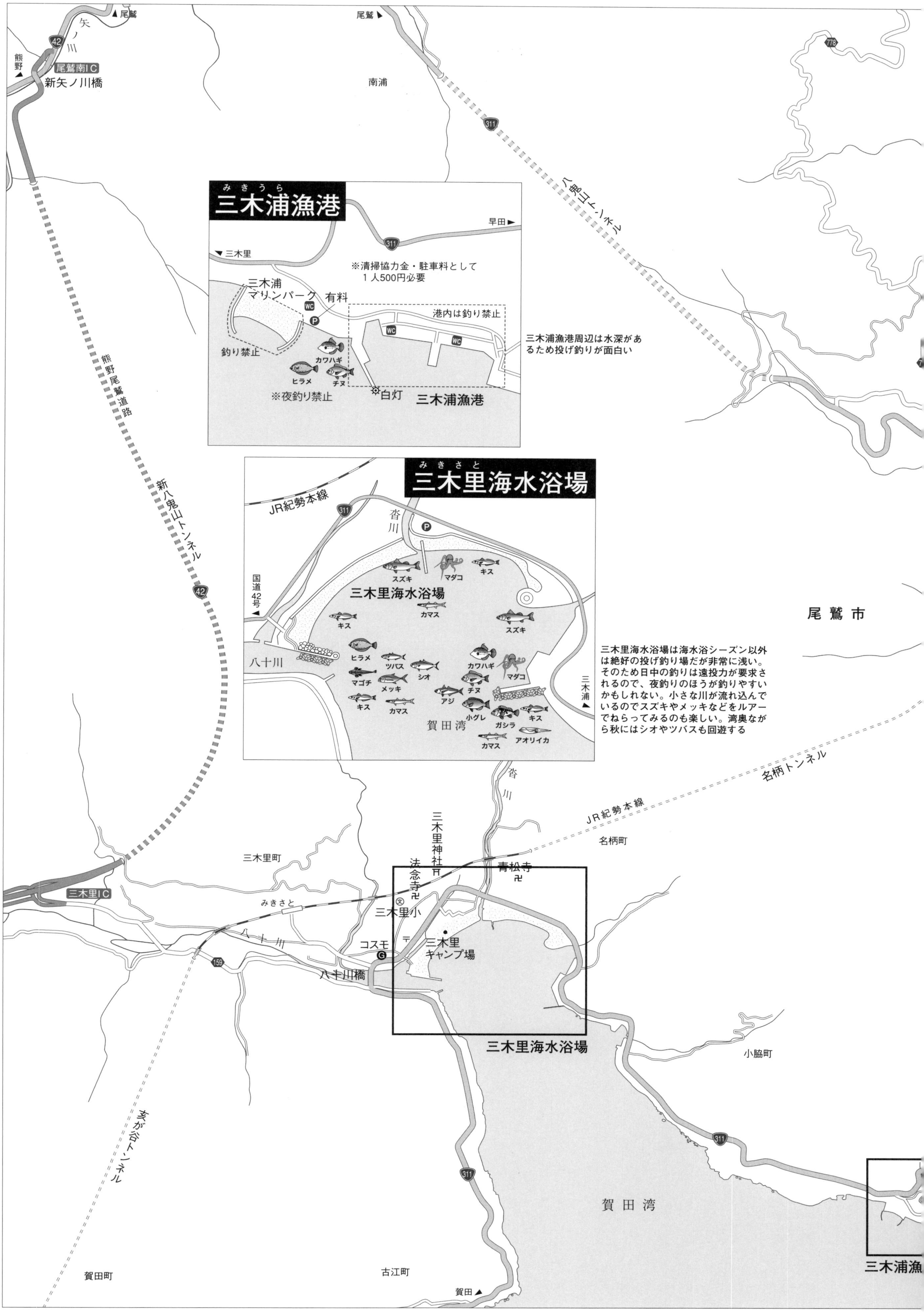

▲尾鷲
矢ノ川
熊野
尾鷲南IC
新矢ノ川橋
尾鷲
南浦
八鬼山トンネル
三木浦《みきうら》漁港
早田
▼三木里
※清掃協力金・駐車料として
1人500円必要
三木浦
マリンパーク 有料
港内は釣り禁止
釣り禁止
カワハギ
ヒラメ
チヌ
※夜釣り禁止
白灯
三木浦漁港
三木浦漁港周辺は水深がある
るため投げ釣りが面白い
熊野尾鷲道路
新八鬼山トンネル
三木里《みきさと》海水浴場
JR紀勢本線
沓川
国道42号
スズキ
マダコ
キス
三木里海水浴場
カマス
キス
スズキ
ヒラメ
ツバス
シオ
カワハギ
マダコ
マゴチ
メッキ
チヌ
アジ
キス
カマス
小グレ
ガシラ
キス
賀田湾
カマス
アオリイカ
八十川
三木浦
三木里海水浴場は海水浴シーズン以外
は絶好の投げ釣り場だが非常に浅い。
そのため日中の釣りは遠投力が要求さ
れるので、夜釣りのほうが釣りやすい
かもしれない。小さな川が流れ込んで
いるのでスズキやメッキなどをルアー
でねらってみるのも楽しい。湾奥なが
ら秋にはシオやツバスも回遊する
尾鷲市
名柄トンネル
JR紀勢本線
沓川
名柄町
三木里神社
青松寺
法念寺
三木里町
三木里IC
みきさと
三木里小
三木里
キャンプ場
コスモ
八十川
八十川橋
三木里海水浴場
小脇町
矢ヶ谷トンネル
賀田湾
賀田町
古江町
賀田
三木浦漁

三木浦漁港
盛松
賀田湾
竜宮
エビレ
梶賀漁港
賀漁港
丸石
中ドマル
大ナベ
小ナベ
カガリカヅキ
波かぶり
オベラ
禁漁区
箱島
金床
上村
中大黒
沖大黒
エビス
船かくし
ソコブ
ダンゾ
ナナシ
キムラ
繁島
長バエ
三木崎
カゲ
灯台下
神ノ島
禁漁区
通常6月1日〜9月30日解禁
熊野灘
カベ
ドンビ
ハナレ
中熊
松の下
梶賀トンネル
見張下
禁漁区
311
須野トンネル
小鼻
神須ノ鼻
大鼻
ヨコゾノ
ミヤケ
60cmオーバーの口太グレなら日本一!?
アオリイカ
チヌ
グレ
マダイ
イシダイ
イシガキダイ
イサギ
ヒラスズキ
ワラサ
N
S
W
E
0
500
1000m

三木崎、繁島、大黒、オベラ、カガリカツギなどの磯へは梶賀の榎本渡船、勝三屋、誠丸で渡る

荒々しい柱状節理の岩場が連続する三木崎から大黒カガリカツギにかけての磯場は、とにかくグレのサイズがすばらしい。50cmオーバーの口太グレが年間に数え切れないぐらい釣りあげられる。配合エサの使用は禁止。底物のイシダイも大型が期待できる

ドンビ、見張下、大鼻、ミヤケなどの磯へは梶賀の榎本渡船、勝三屋、誠丸で渡る

神須ノ鼻をメインにした梶賀の渡船区も、三木崎、大黒周辺と並んで紀伊半島を代表する有名釣り場。口太グレの大きさも同様で、過去の60cmオーバーのヒット数はおそらく日本一。ロクマルの尾長も釣れたことがある。こちらも配合エサの使用禁止。底物のイシダイ、ルアーでヒラスズキも古くからの実績場。神須ノ鼻から西は二木島のマルヒサ渡船が渡すこともある

望月、オベラ、楯ケ崎、アゴ崎、コザハエなどの磯へは二木島のマルヒサ渡船で渡る

フカセ釣りのグレをメインにカゴ釣りでマダイやイサギ、青物ねらいも面白いエリア。底物のイシダイも大型が期待できる。この地図にはないが、さらに南の笹野島、寺島、ホーロク、高麦も渡船区

古江《ふるえ》〜二木島

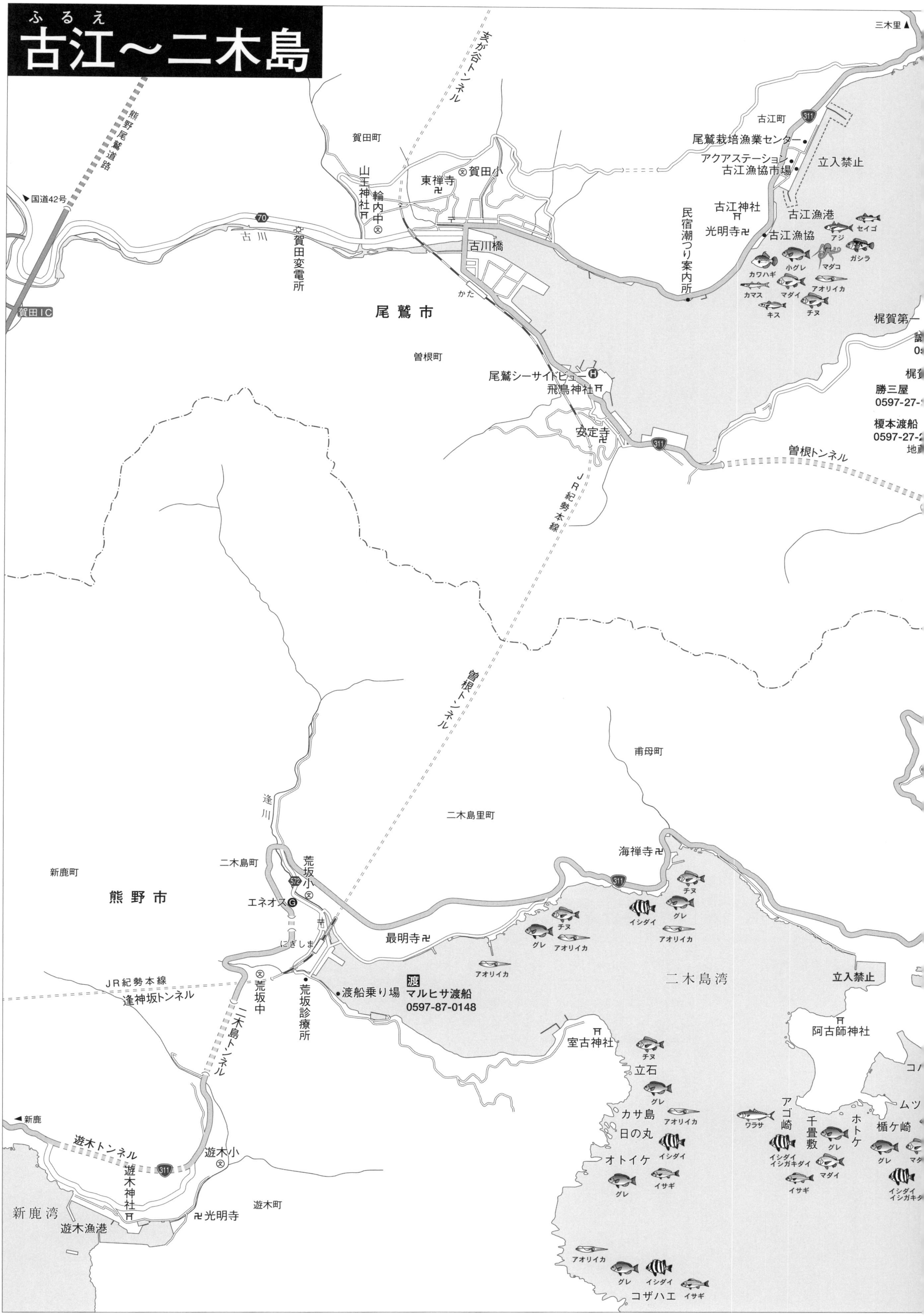

三木里▲
矢ヶ谷トンネル
熊野尾鷲道路
賀田町
古江町
311
尾鷲栽培漁業センター
アクアステーション
古江漁協市場
立入禁止
山王神社
輪内中
東禅寺
賀田小
▶国道42号
70
古川
賀田変電所
古川橋
民宿潮つり案内所
古江神社
光明寺
古江漁港
古江漁協
アジ
セイゴ
カワハギ
小グレ
マダコ
ガシラ
カマス
マダイ
アオリイカ
キス
チヌ
賀田IC
尾鷲市
かた
曽根町
尾鷲シーサイドビュー
飛鳥神社
勝三屋
榎本渡船
安定寺
曽根トンネル
JR紀勢本線
曽根トンネル
甫母町
逢川
二木島里町
海禅寺
二木島町
荒坂小
572
新鹿町
熊野市
エネオス
にぎしま
最明寺
チヌ
グレ
イシダイ
アオリイカ
二木島湾
立入禁止
JR紀勢本線
逢神坂トンネル
荒坂中
荒坂診療所
渡船乗り場
渡
マルヒサ渡船
0597-87-0148
二木島トンネル
阿古師神社
室古神社
立石
カサ島
日の丸
オトイケ
アゴ崎
千畳敷
ホトケ
楯ケ崎
ワラサ
イシダイ
イシガキダイ
マダイ
イサギ
◀新鹿
遊木トンネル
遊木小
遊木神社
新鹿湾
遊木漁港
光明寺
遊木町
コザハエ

遊《ゆ》木《き》～木本《きのもと》

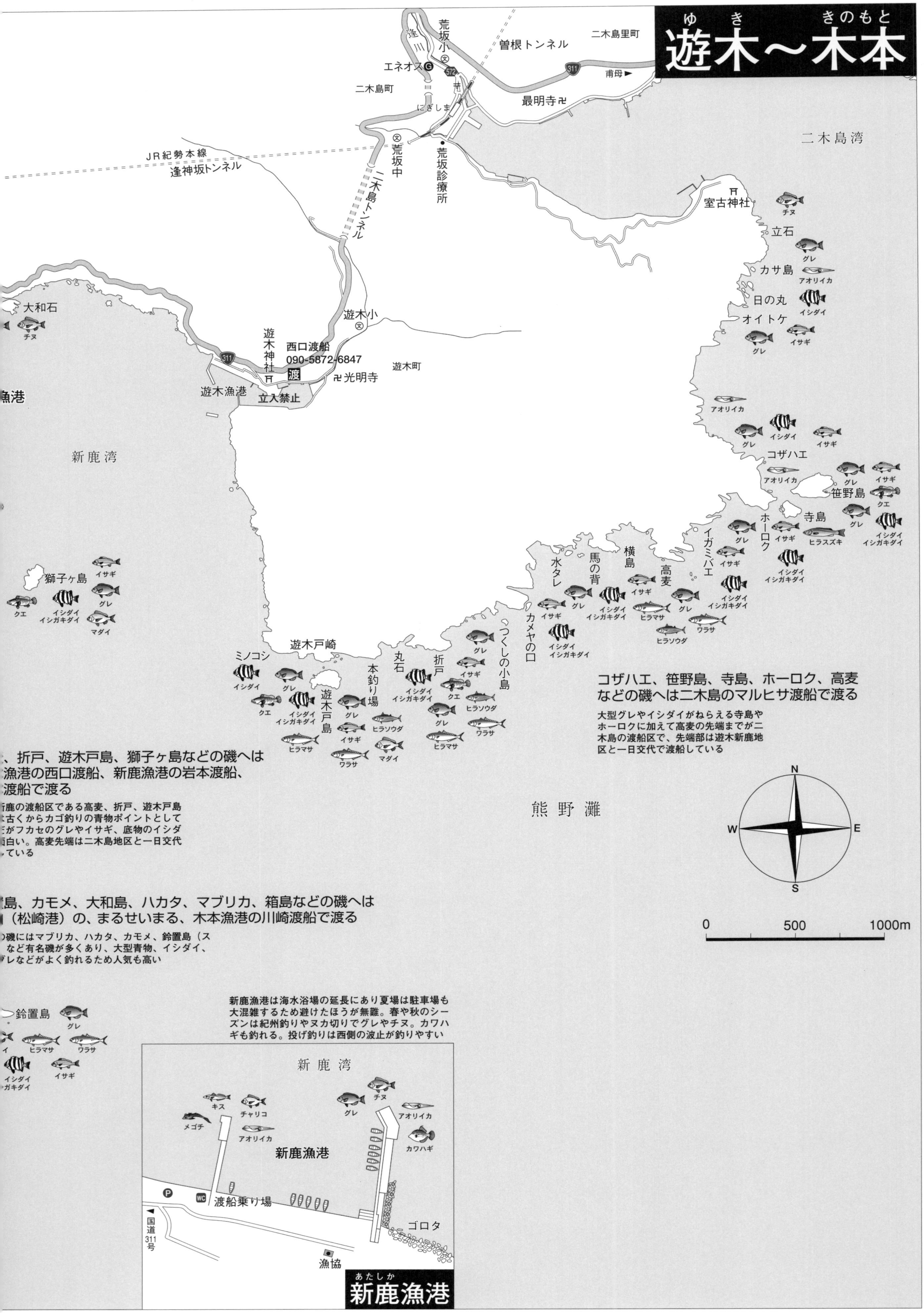

新鹿《あたしか》漁港

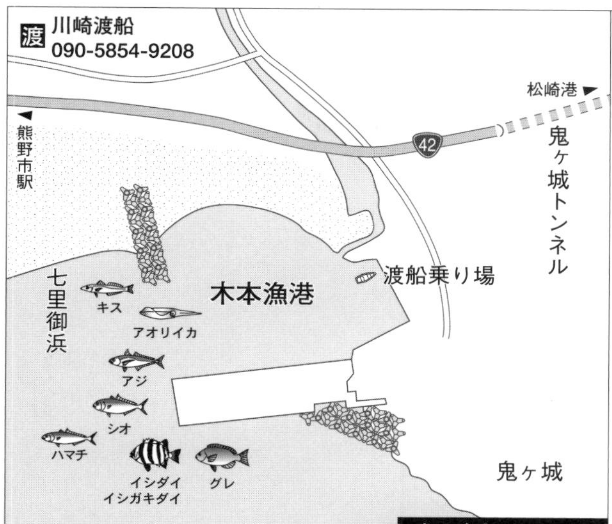

渡 川崎渡船
090-5854-9208
松崎港
熊野市駅
42
鬼ヶ城トンネル
七里御浜
木本漁港
渡船乗り場
キス
アオリイカ
アジ
シオ
ハマチ
イシダイ
イシガキダイ
グレ
鬼ヶ城

木本《きのもと》漁港

木本漁港は七里御浜の北詰、鬼ヶ城の脇にある小さな港。波止の外向きはイシダイやグレなど磯魚、内向きや浜側からはキスやアオリイカがねらえる

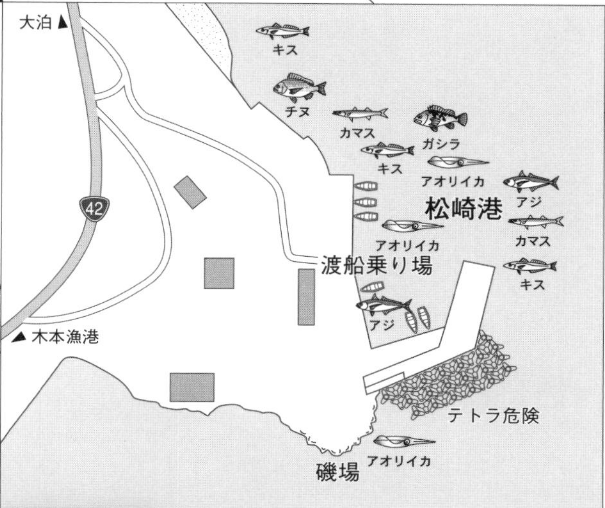

大泊
キス
チヌ
カマス
ガシラ
キス
アオリイカ
アジ
松崎港
アオリイカ
カマス
42
渡船乗り場
キス
アジ
木本漁港
テトラ危険
アオリイカ
磯場

松崎《まつざき》港

大泊海水浴場の隣にある松崎港のメインは投げ釣りのキス。落ちのシーズンに近投で大釣りすることがある。波止は足場が非常に高く初心者は敬遠したい。テトラも危険なため近寄らないほうが無難

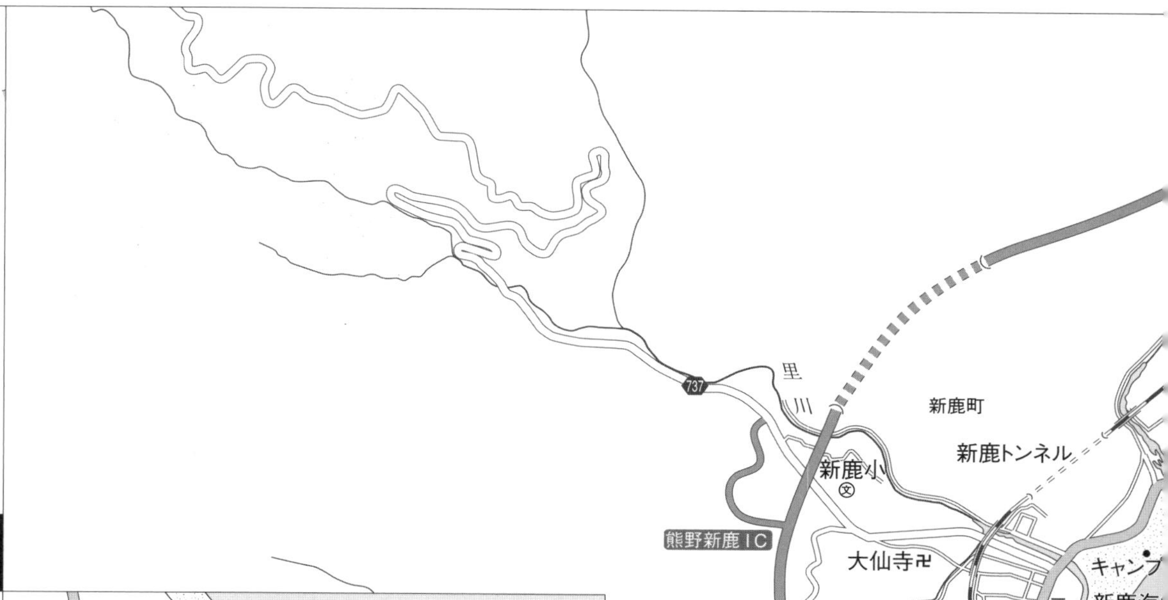

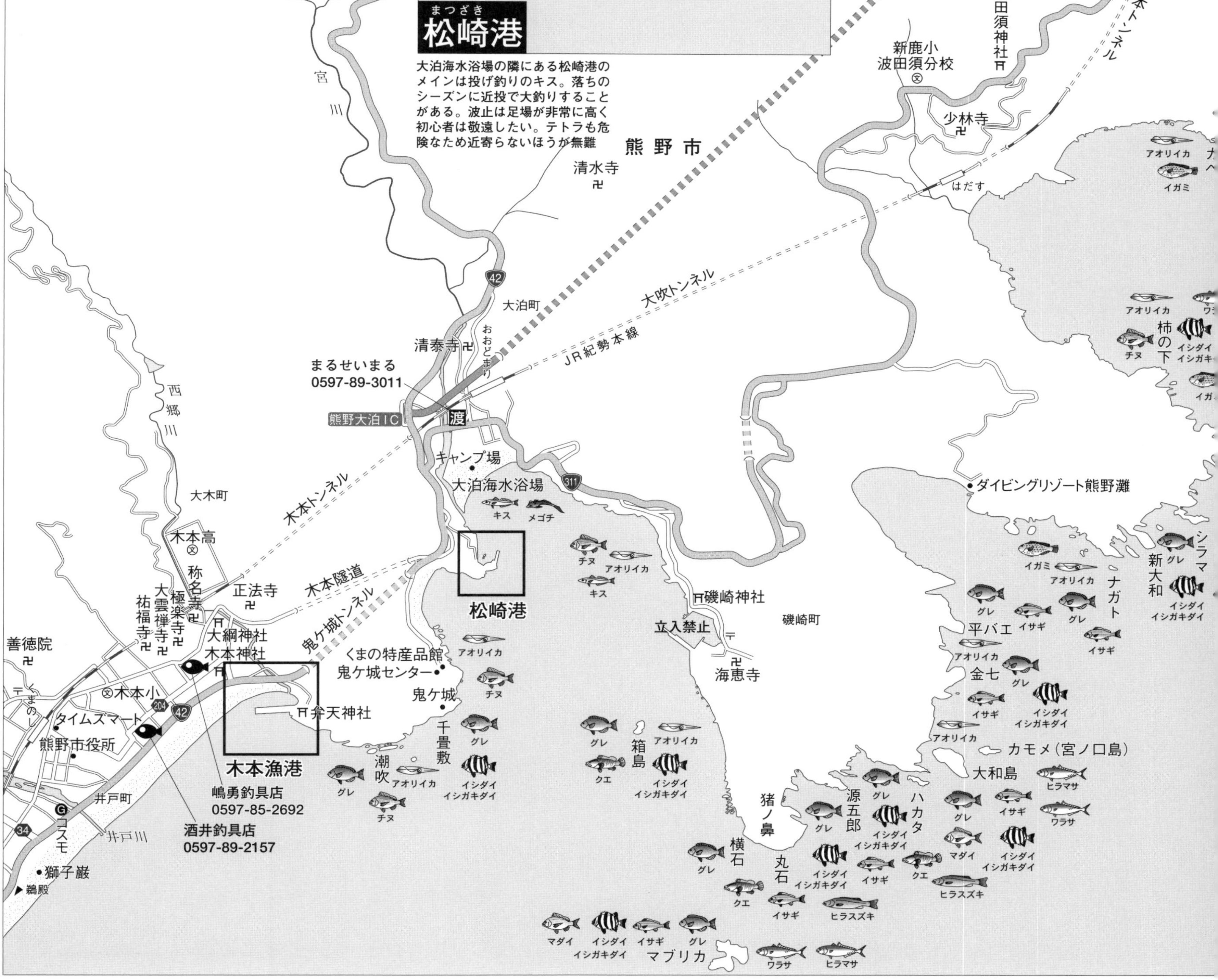

国道309号
42
宮川
熊野市
清水寺
737
里川
新鹿町
新鹿小
新鹿トンネル
熊野新鹿IC
大仙寺
キャンプ
新鹿海
キス
あたしか
徳司神社
コスモ
岩本渡船
0597-86-0159
坂本渡船
0597-86-0397
熊野尾鷲道路
311
甫本トンネル
波田須神社
新鹿小
波田須分校
少林寺
はだす
アオリイカ
イガミ
大吹トンネル
JR紀勢本線
大泊町
おおどまり
清泰寺
まるせいまる
0597-89-3011
熊野大泊IC
渡
西郷川
キャンプ場
大泊海水浴場
キス
メゴチ
311
大木町
木本トンネル
木本高
木本隧道
鬼ヶ城トンネル
松崎港
チヌ
アオリイカ
キス
磯崎神社
磯崎町
立入禁止
海恵寺
正法寺
称名寺
極楽寺
大雲禅寺
祐福寺
善徳院
大綱神社
木本神社
くまの特産品館
鬼ケ城センター
アオリイカ
チヌ
鬼ケ城
くまのし
木本小
204
42
タイムズマート
熊野市役所
弁天神社
木本漁港
千畳敷
グレ
イシダイ
イシガキダイ
潮吹
アオリイカ
グレ
チヌ
グレ
クエ
箱島
アオリイカ
イシダイ
イシガキダイ
嶋勇釣具店
0597-85-2692
酒井釣具店
0597-89-2157
井戸町
井戸川
コスモ
34
獅子巌
鵜殿
猪ノ鼻
横石
グレ
クエ
丸石
イシダイ
イシガキダイ
イサギ
ヒラスズキ
源五郎
グレ
イシダイ
イシガキダイ
イサギ
ハカタ
クエ
マダイ
イシダイ
イシガキダイ
イサギ
グレ
マブリカ
ワラサ
ヒラマサ
ダイビングリゾート熊野灘
アオリイカ
柿の下
チヌ
イシダイ
イシガキダイ
イガミ
イガミ
アオリイカ
グレ
イサギ
ナガト
平バエ
アオリイカ
金七
グレ
イサギ
イシダイ
イシガキダイ
アオリイカ
カモメ(宮ノ口島)
大和島
ヒラマサ
グレ
イサギ
ワラサ
マダイ
イシダイ
イシガキダイ
ヒラスズキ
新大和
グレ
イシダイ
イシガキダイ
シラマ

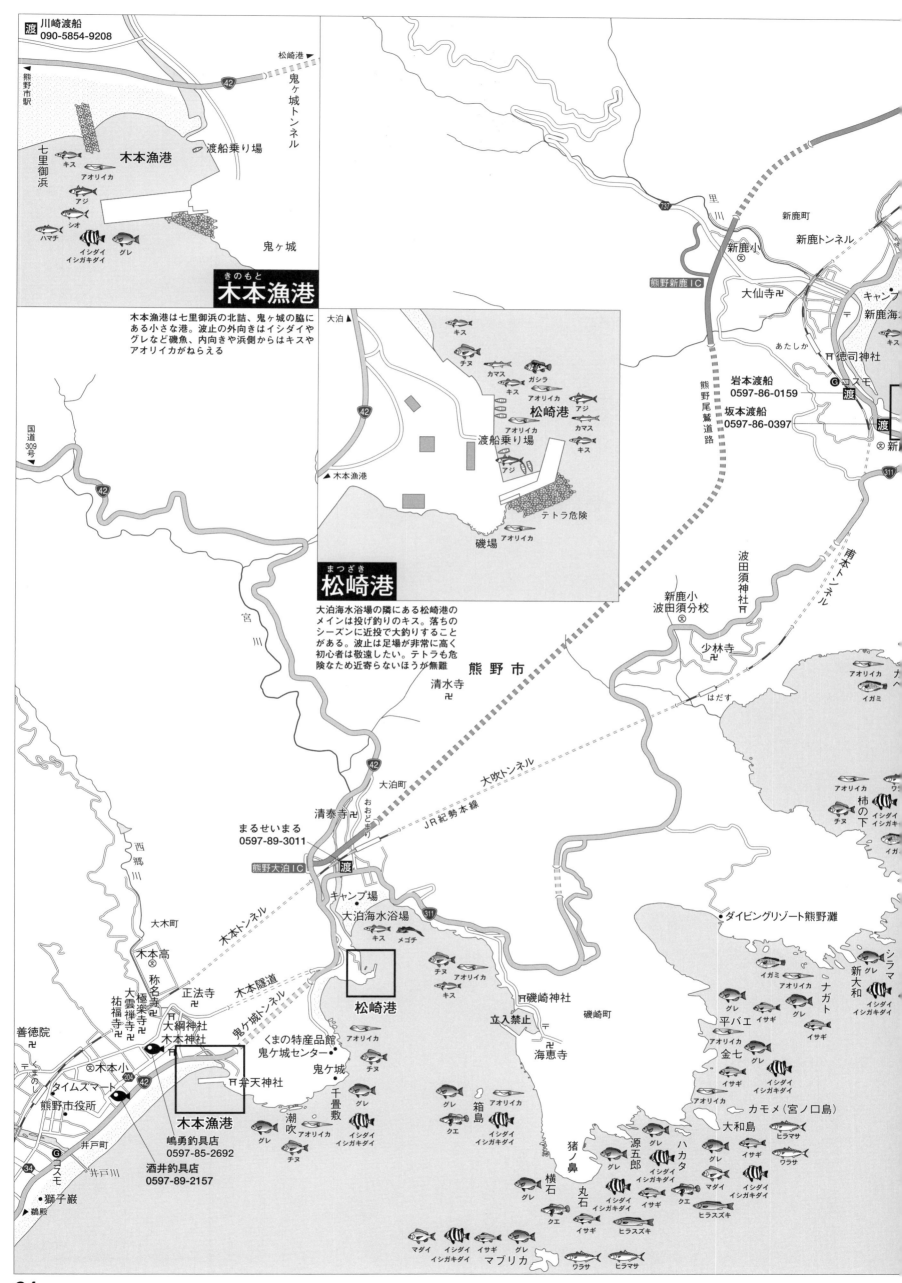

七里御浜《しちりみはま》～鵜殿《うどの》港

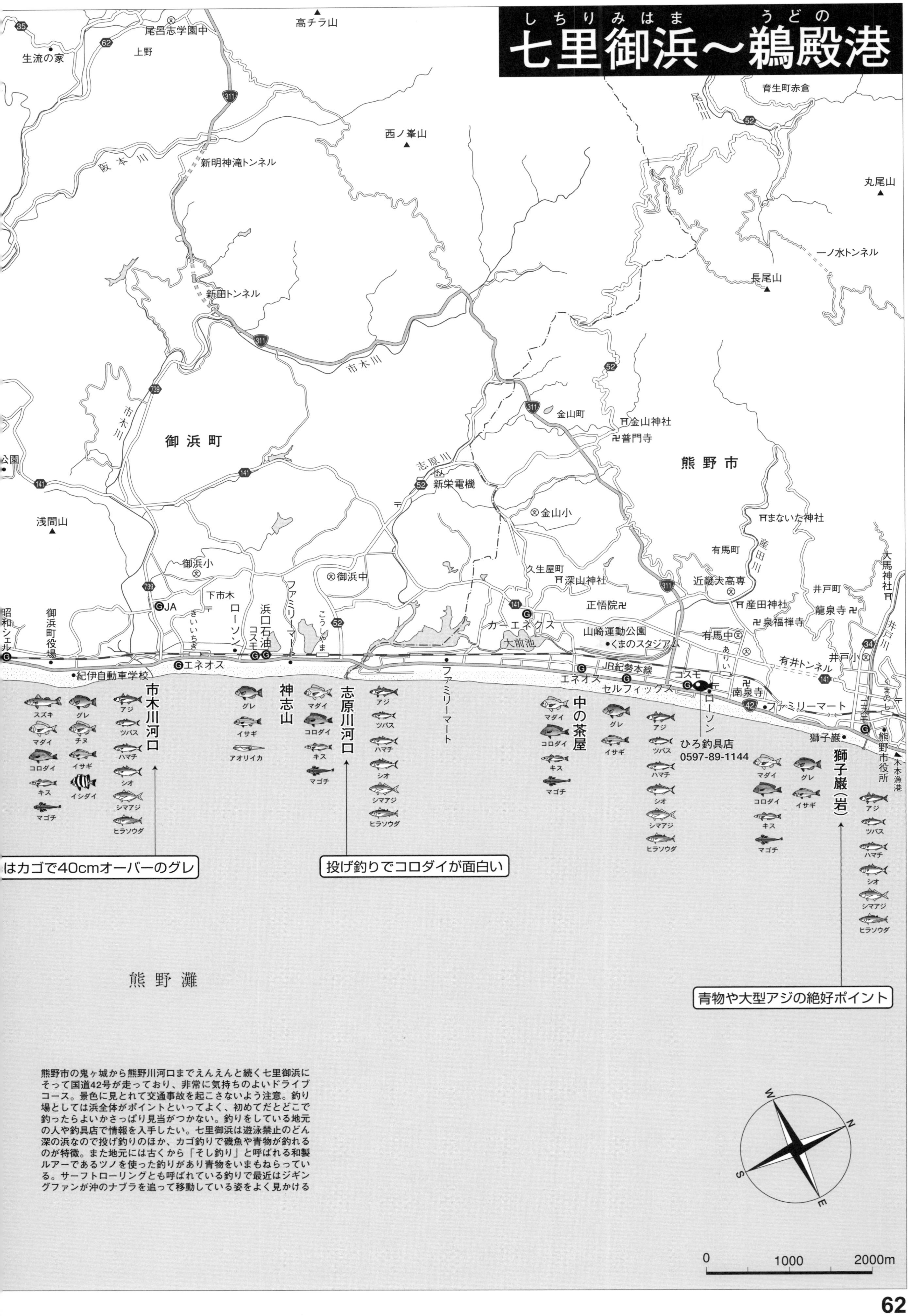

高チラ山
尾呂志学園中
上野
生流の家
阪本川
新明神滝トンネル
西ノ峯山
育生町赤倉
尾川川
丸尾山
一ノ水トンネル
長尾山
新田トンネル
市木川
御浜町
金山町
金山神社
普門寺
熊野市
志原川
新栄電機
金山小
まないた神社
有馬町
産田川
浅間山
御浜小
御浜中
久生屋町
深山神社
近畿大高専
正悟院
産田神社
泉福禅寺
井戸町
龍泉寺
大馬神社
井戸川
下市木
JA
浜口石油
コスモ
ローソン
ファミリーマート
こうやま
きいちぎ
カーエネクス
大前池
山崎運動公園
くまのスタジアム
有馬中
ありい
有井トンネル
井戸小
昭和シェル
御浜町役場
エネオス
紀伊自動車学校
JR紀勢本線
セルフィックス
ひろ釣具店
0597-89-1144
南泉寺
まのし
獅子巌
熊野市役所
木本漁港
市木川河口
神志山
志原川河口
中の茶屋
獅子巌（岩）
スズキ
マダイ
コロダイ
キス
マゴチ
グレ
チヌ
イサギ
イシダイ
アジ
ツバス
ハマチ
シオ
シマアジ
ヒラソウダ
アオリイカ
はカゴで40cmオーバーのグレ
投げ釣りでコロダイが面白い
青物や大型アジの絶好ポイント
熊野灘
N
E
S
W
0
1000
2000m

熊野市の鬼ヶ城から熊野川河口までえんえんと続く七里御浜にそって国道42号が走っており、非常に気持ちのよいドライブコース。景色に見とれて交通事故を起こさないよう注意。釣り場としては浜全体がポイントといってよく、初めてだとどこで釣ったらよいかさっぱり見当がつかない。釣りをしている地元の人や釣具店で情報を入手したい。七里御浜は遊泳禁止のどん深の浜なので投げ釣りのほか、カゴ釣りで磯魚や青物が釣れるのが特徴。また地元には古くから「そし釣り」と呼ばれる和製ルアーであるツノを使った釣りがあり青物をいまもねらっている。サーフトローリングとも呼ばれている釣りで最近はジギングファンが沖のナブラを追って移動している姿をよく見かける

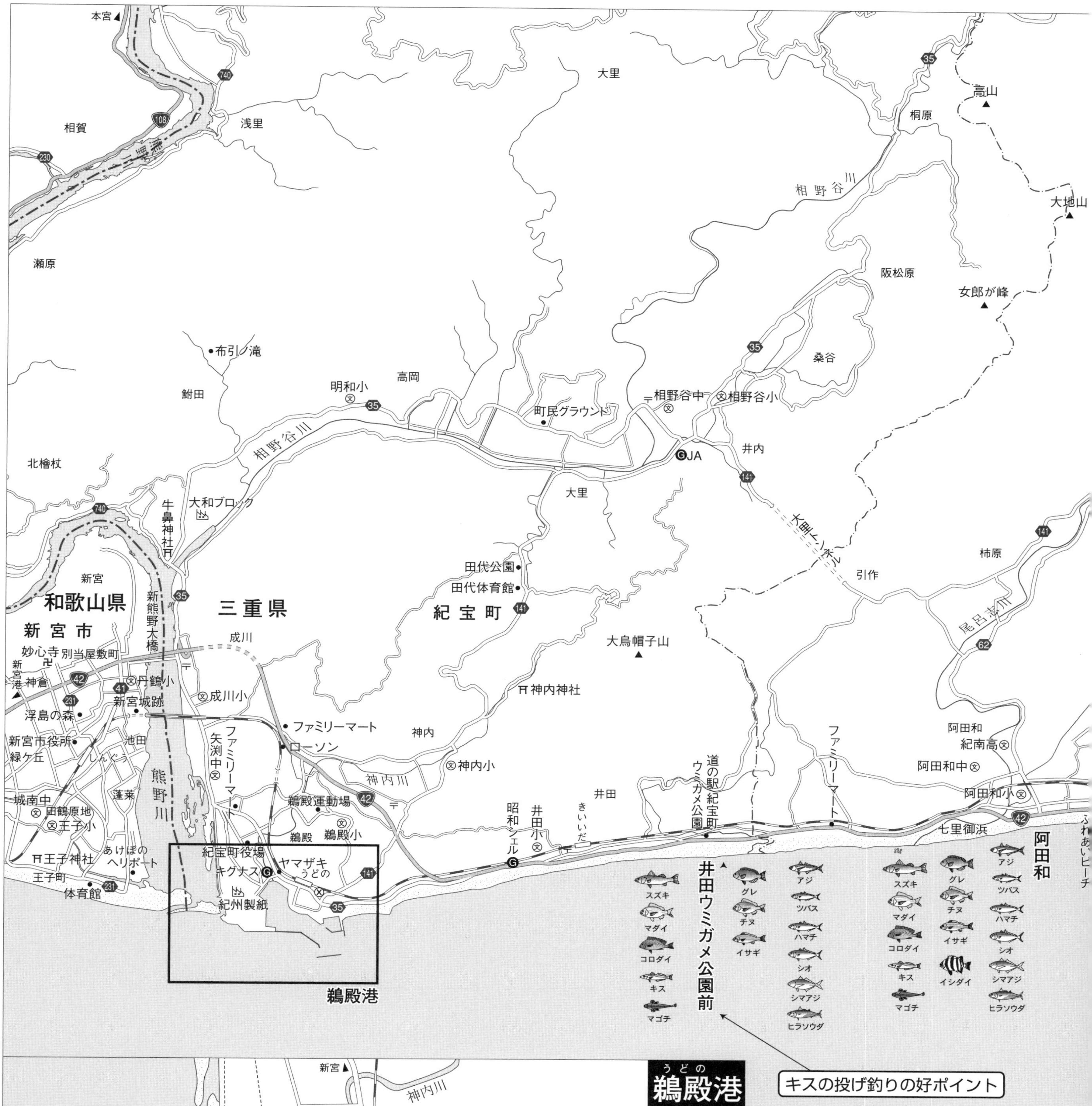
本宮
大里
浅里
相賀
桐原
高山
相野谷川
大地山
瀬原
阪松原
女郎が峰
布引ノ滝
桑谷
明和小
高岡
餅田
相野谷中
相野谷小
町民グラウンド
相野谷川
JA
井内
北檜杖
大和ブロック
牛鼻神社
大里
大里トンネル
柿原
田代公園
田代体育館
引作
新宮
和歌山県
新熊野大橋
三重県
紀宝町
新宮市
成川
大烏帽子山
尾呂志川
妙心寺
別当屋敷町
新宮港
神倉
丹鶴小
成川小
神内神社
浮島の森
新宮城跡
ファミリーマート
神内
阿田和
紀南高
新宮市役所
緑ケ丘
池田
矢渕中
ファミリーマート
ローソン
しんぐう
熊野川
神内小
ファミリーマート
阿田和中
井田
阿田和小
道の駅紀宝町ウミガメ公園
蓬莱
鵜殿運動場
城南中
田鶴原地
王子小
鵜殿
鵜殿小
昭和シェル
井田小
きいいだ
七里御浜
ふれあいビーチ
阿田和
王子神社
あけぼのヘリポート
紀宝町役場
キグナス
ヤマザキ
うどの
王子町
体育館
紀州製紙
鵜殿港
井田ウミガメ公園前
スズキ
マダイ
コロダイ
キス
マゴチ
グレ
チヌ
イサギ
アジ
ツバス
ハマチ
シオ
シマアジ
ヒラソウダ
スズキ
マダイ
コロダイ
キス
マゴチ
グレ
チヌ
イサギ
イシダイ
アジ
ツバス
ハマチ
シオ
シマアジ
ヒラソウダ
キスの投げ釣りの好ポイント

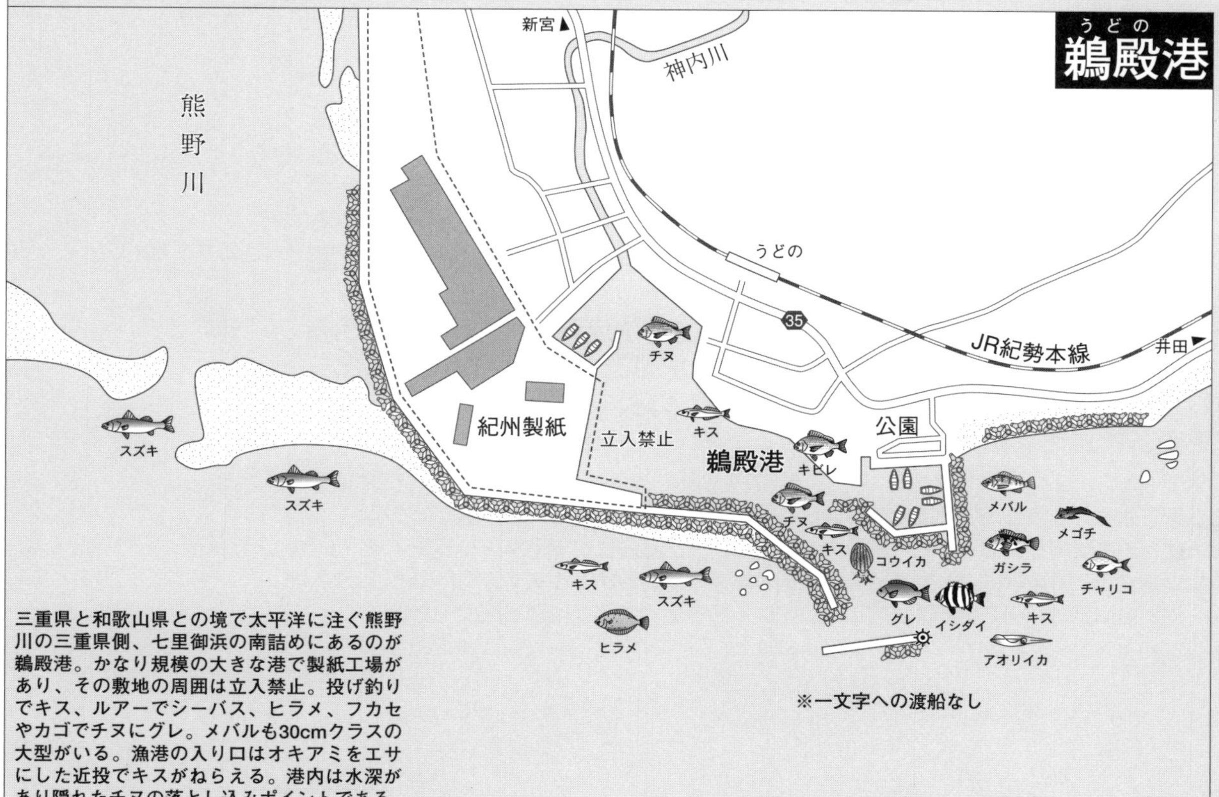
鵜殿港《うどの》
新宮
神内川
熊野川
うどの
JR紀勢本線
井田
チヌ
スズキ
紀州製紙
立入禁止
キス
鵜殿港
キビレ
公園
スズキ
チヌ
キス
メバル
メゴチ
コウイカ
ガシラ
チャリコ
キス
スズキ
グレ
イシダイ
キス
ヒラメ
アオリイカ
※一文字への渡船なし

三重県と和歌山県との境で太平洋に注ぐ熊野川の三重県側、七里御浜の南詰めにあるのが鵜殿港。かなり規模の大きな港で製紙工場があり、その敷地の周囲は立入禁止。投げ釣りでキス、ルアーでシーバス、ヒラメ、フカセやカゴでチヌにグレ。メバルも30cmクラスの大型がいる。漁港の入り口はオキアミをエサにした近投でキスがねらえる。港内は水深があり隠れたチヌの落とし込みポイントである

『関西海釣りドライブマップ』シリーズについてのお断り

『関西海釣りドライブマップ』各刊の情報は、さまざまな事情により、作成時のデータと現状が異なっている場合があります。本書の内容につきましては、刊行以来、重版の度に努めて新たな情報を更新するように心がけておりますが、現場での釣りの可否を含め、あらかじめ本書に記載された情報のすべてを保証するものではありません。万が一、目的の場所が釣り禁止等になっていた場合には、必ず現場の情報・指示に従ってください。

令和版 関西海釣りドライブマップ① 伊勢湾〜紀東
（木曽川河口〜鵜殿港）

2021年　9月1日初版発行
編　者　つり人社書籍編集部
発行者　山根和明
印刷所　図書印刷株式会社
発行所　株式会社つり人社
東京都千代田区神田神保町1-30-13　〒101-8408
TEL.03-3294-0781　FAX03-3294-0783

乱丁・落丁などありましたらお取り替えいたします。
ISBN978-4-86447-378-1 C2075
© Tsuribitosha 2021. Printed in Japan

【追記……改正SOLAS条約に伴う立ち入り禁止区域について】
　平成16年7月1日から、「国際航海船舶及び国際港湾施設の保安の確保等に関する法律（国際船舶・港湾保安法）」が施行されました。同法律は、IMO（国際海事機関）における改正SOLAS条約（海上人命安全条約）を受けたもので、国際航海船舶や国際港湾施設に自己警備としての保安処置を義務付けたり、外国から日本に入港しようとする船舶に船舶保安情報の通達を義務付け危険な船舶には海上保安庁が入港禁止等の措置を行えるようにした内容となっています。
　承認を受けた施設所有者はフェンス等の設置など保安措置が義務付けられ、当該地域への一般人の立ち入りは禁止となります。本書では承認が確認された区域には、各左頁下にその旨を記しました。釣行の際には、事前に最寄りの釣具店や各種HP等にて承認箇所（立ち入り禁止区域）をご確認ください。

●本書に掲載した釣り場の状況、立ち入り禁止の規定は随時変更されることがありますので、ご了承ください。
●釣り場では必ずライフジャケットを着用し、くれぐれも事故のないよう、自己責任にて安全第一を心がけましょう。
●新型コロナウイルス感染拡大防止のため施設により営業時間の変更や休業の可能性があります。釣行の際は公式HP、電話などでご確認ください。外出自粛要請が出ているエリアにおいては不要不急のお出かけはお控えください。